PONS

Verbtabellen Plus
SPANISCH

von
Dr. Pilar Pérez Cañizares
Dr. Carlos Segoviano
María Engracia López Sánchez

PONS GmbH
Stuttgart

PONS

Verbtabellen Plus
SPANISCH

von

Dr. Pilar Pérez Cañizares

Dr. Carlos Segoviano

María Engracia López Sánchez

Auflage A1 4 3 2 1 / 2015 2014 2013 2012

PONS Produktinfos und Shop: www.pons.de
PONS Sprachenportal: www.pons.eu
E-Mail: info@pons.de

Redaktion: Regina Reinboth-Kämpf, Arkadiusz Wrobel
Redaktionelle Mitarbeit: Jacqueline Broghammer
Logoentwurf: Erwin Poell, Heidelberg
Logoüberarbeitung: Sabine Redlin, Ludwigsburg
Titelfoto: Vlado Golub, Stuttgart
Einbandgestaltung: Tanja Haller, Petra Schnur, Stuttgart
Layout/Satz: Satzkasten, Stuttgart
Druck und Bindung: GGP Media GmbH, Pößneck

Printed in Germany.
ISBN: 978-3-12-561595-3

Inhalt

So benutzen Sie dieses Buch

Die PONS Verbtabellen Plus Spanisch bieten Ihnen übersichtliche Konjugationstabellen zu 72 regelmäßigen und unregelmäßigen Musterverben, einem reflexiven Verb und zum Passiv. Diese Konjugationsmuster zeigen Ihnen alle Formen - auch die zusammengesetzten - auf einen Blick; auf Besonderheiten wird durch farbliche Hervorhebung und praktische Faust-regeln hingewiesen.

Passend zur Konjugationstabelle auf der linken Seite erhalten Sie auf der rechten Seite zahlreiche Informationen zur Verwendung der Verben: Beispielsätze, häufige Wendungen, häufige Verben, die ähnlich konjugiert werden, Besonderheiten zur Konjugation und nützliche Tipps, die Ihnen beim Lernen der Konjugation dieser Verben helfen sollen.

Aufbau der Konjugationstabellen

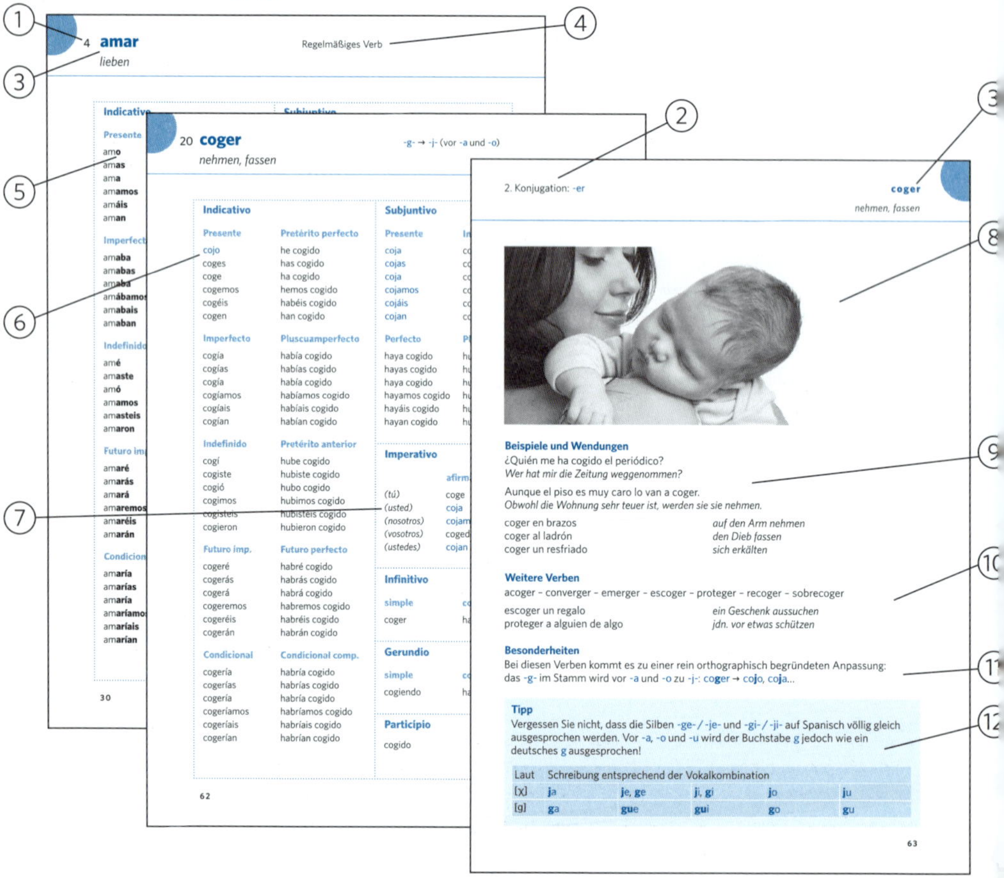

① Konjugationsnummer: Mit Hilfe dieser Nummer lassen sich alle in der Verbliste aufgeführten Verben dem jeweils entsprechenden Konjugationsmuster zuordnen.

② Verbgruppe: Gibt an, zu welcher der drei spanischen Verbgruppen das Musterverb gehört: 1. Konjugation: Verben auf -ar
2. Konjugation: Verben auf -er
3. Konjugation: Verben auf -ir

③ Musterverb mit Übersetzung: Verb, das exemplarisch für alle ähnlichen Verben (mit gleicher Konjugationsnummer) steht.

④ Kurzcharakteristik: Merksatz zu den Besonderheiten / Unregelmäßigkeiten des Konjugationsmusters.

⑤ Markierung der Endungen: Bei den regelmäßigen Musterverben der 1., 2. und 3. Konjugation (Nr. 4, 5 und 6) sind die Endungen – Kennzeichen dieser Verbgruppen – fett hervorgehoben.

⑥ Farbliche Hervorhebung: Alle Formen, die vom regelmäßigen Konjugationsschema abweichen, sind blau hervorgehoben.

⑦ Personalpronomen: Personalpronomen wurden nicht aufgeführt, da das Spanische sie in der Regel nur zur Betonung braucht. Lediglich beim Imperativ sind die Personalpronomen zur besseren Orientierung in Klammern angegeben.

⑧ Bild: Zahlreiche Bilder helfen, die Verben assoziativ im Langzeitgedächtnis zu verankern.

⑨ Beispiele und Wendungen: Zu jedem konjugierten Verb auf der linken Seite finden Sie hier rechts nützliche Anwendungsbeispiele und Wendungen.

⑩ Weitere Verben: Diese Verben werden wie das Musterverb links konjugiert. Bei häufig zu findenden Konjugationsmustern handelt es sich dabei lediglich um eine Auswahl der geläufigsten Verben.

⑪ Besonderheiten: Hier erhalten Sie Erklärungen zu Besonderheiten bei Konjugation oder Gebrauch dieser Verben.

⑫ Tipp: Weiterführende Tipps sollen Ihnen das Lernen der Verben erleichtern.

In der alphabetischen Verbliste am Ende des Buches finden Sie weitere regelmäßige und unregelmäßige Verben mit Verweis auf das Konjugationsmuster, nach dem die Verben gebildet werden.

Übrigens: Die Grammatik bietet Ihnen einen systematischen Überblick über die Zeiten und Modi. Auf den Seiten 172 bis 177 helfen Ihnen nochmals zahlreiche Beispielsätze bei der Wahl der richtigen Präpositionen für die häufigsten spanischen Verben. Und ab Seite 178 können Sie die gelernten Verben üben und Ihr Wissen testen.

Lerntipps: So lernen Sie Verbkonjugationen

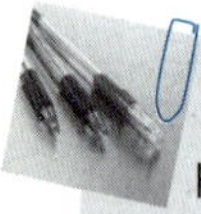

Mehrmals abschreiben

Haben Sie mit einer Konjugation Schwierigkeiten, dann schreiben Sie das Verb mehrmals ab, das hilft sich die Formen einzuprägen. Markieren Sie dann die Endungen und Besonderheiten einzelner Verbformen farbig.

Ähnliche Verben

Viele unregelmäßige Verben werden ähnlich konjugiert. Lernen Sie diese immer gemeinsam!

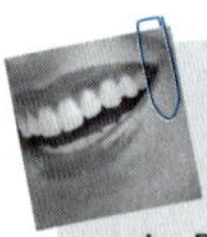

Tonfall ändern

Merken Sie sich die Verbformen in Beispielsätzen und sprechen Sie die konjugierten Formen mit dem zum Verb passenden Tonfall. Das Verb *hassen* sprechen Sie dann natürlich völlig anders als z. B. das Verb *lieben*.

Beispielsätze

Neue Wendungen und Verben können Sie effektiver lernen, indem Sie versuchen, sie in Beispielsätzen zu gebrauchen.
Am Besten ist ein Zusammenhang, der mit Ihrem eigenen Leben zu tun hat, denn das können Sie sich am besten merken.
Sie können zum Beispiel Ihre morgendlichen Aktivitäten durchgehen.

Textstellen markieren

Das Markieren von Textstellen oder Wörtern ermöglicht es, verschiedene Aspekte einer Fremdsprache gezielt zu üben.
So können Sie zum Beispiel eine Zeitform, die Sie gerade gelernt haben, im Text markieren und in den unterschiedlichen Zusammenhängen lernen.

Synonyme und Antonyme

Erweitern Sie schnell Ihren Wortschatz, indem Sie Verben immer gleich mit dem Gegenteil (z. B. *nehmen ≠ geben*), oder mit einem Synonym (z. B. *nehmen = ergreifen*) lernen.

Verben + Präposition

Wenn ein Verb eine bestimmte Präposition braucht, dann lernen Sie diese immer mit – am besten in einem Satz.

Mehrmals pro Woche lernen

Setzen Sie sich beim Sprachenlernen realistische Ziele. Es braucht Zeit, eine Sprache zu lernen – also nehmen Sie sich nicht zu viel vor! Besser Sie lernen mehrmals pro Woche eine halbe Stunde, als nur einmal 5 Stunden.

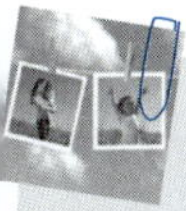

Mit Bildern lernen

Bilder, die Ihnen irgendwie auffallen, eignen sich hervorragend zum Lernen von Wörtern und Wendungen. Entsprechendes Bildmaterial finden Sie überall: in Zeitungen, Zeitschriften und Kalendern. Schneiden Sie das aus, was Sie fasziniert, kleben Sie es in Ihr Vokabelheft und schreiben Sie dann auf, was Ihnen dazu einfällt: Reaktionen, Überlegungen, Gedankenassoziationen oder auch nur einzelne Wörter.

Vokabelkärtchen

Auch Verbformen können wie Vokabeln mit Vokabelkärtchen gelernt werden. Schreiben Sie sich dazu je eine Verbform auf ein Kärtchen und den Infinitiv mit Beschreibung der Verbform auf die Rückseite. Sie müssen dabei nicht alle Verbformen verwenden – wählen Sie einfach die aus, die am häufigsten sind, und die, die Ihnen am schwersten fallen. Testen Sie nun Ihre Kenntnisse, indem Sie immer die Seite mit dem Infinitiv ansehen und die passende Form dazu bilden.

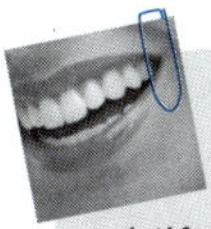

Vorsingen

Wenn Sie musikalisch sind, hilft es Ihnen vielleicht, wenn Sie kleine Melodien erfinden und sich die Konjugationsmuster oder die Formen mit den Stammvokalwechseln vorsingen. Experimentieren Sie mit Tonhöhe und Rhythmus, oder probieren Sie einen Rap – so prägen Sie sich vor allem häufige Muster gut ein.

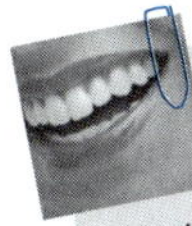

Sich aufnehmen

Wenn Sie zu den Menschen gehören, die gut durch Hören lernen können, dann hören Sie sich selbst zu! Nehmen Sie sich beim Sprechen der Verbkonjugationen auf – zum Beispiel mit einem Diktiergerät oder am PC – und hören Sie sich immer wieder an. Sie können bei der Aufnahme auch Pausen machen, in denen Sie das Gehörte dann noch zusätzlich nachsprechen können.

Würfeln

Trainieren Sie die Konjugationen unregelmäßiger Verben, indem Sie würfeln. Sie brauchen dazu zwei sechsseitige Würfel. Einen Würfel müssen Sie ein bisschen präparieren und auf jede Würfelseite ein Stück Papier mit einer anderen Zeitform kleben. Denken Sie sich nun ein unregelmäßiges Verb und würfeln Sie mit beiden Würfeln. Der normale Würfel gibt die Person vor (z. B. 1 - *ich*; 2 - *du*; 3 - *er, sie, es*; 4 - *wir*; 5 - *ihr*; 6 - *sie*), der Zeitenwürfel die entsprechende Zeitform. Bilden Sie die korrekte Form und auf zur nächsten Runde!

Memory

Basteln Sie Memory-Kärtchen! Die Paare können aus *Infinitiv- und Partizipformen oder aus Präsens- und Vergangenheitsformen* etc. bestehen, je nachdem, was Sie besonders üben wollen. Vielleicht finden Sie noch weitere Sprachenlerner zum Mitspielen.

Grammatikbegriffe im Überblick

Spanisch	*Latein*	*Deutsch*
acento	Akzent	Betonungszeichen
condicional [simple]	Konditional I	Bedingungsform I
condicional comp[uesto]	Konditional II	Bedingungsform II
conjugacion	Konjugation	Beugung des Zeitworts
consonante	Konsonant	Mitlaut
diéresis	Diärese	Trema
diptongo	Diphthong	Doppellaut
femenino	feminin	weiblich
futuro imp[erfecto]	Futur I	unvollendete Zukunft
futuro perfecto	Futur II	vollendete Zukunft
gerundio compuesto	Gerundium	Verlaufsform II
gerundio simple	Gerundium	Verlaufsform I
imperativo	Imperativ	Befehlsform
imperfecto	*s. pretérito imperfecto*	
indefinido	–	historische Vergangenheit
indicativo	Indikativ	Wirklichkeitsform
infinitivo	Infinitiv	Grundform des Zeitworts
masculino	maskulin	männlich
modo	Modus	Aussageweise
participio (perfecto)	Partizip (Perfekt)	Mittelwort der Vergangenheit
pasiva	*s. voz pasiva*	
perfecto	*s. pretérito perfecto*	
plural	Plural	Mehrzahl
pluscuamperfecto	Plusquamperfekt	Vorvergangenheit
preposición	Präposition	Verhältniswort
presente	Präsens	Gegenwart
pretérito anterior	–	historische Vergangenheit II
pretérito imperfecto	Imperfekt	unvollendete Vergangenheit
pretérito perfecto	Perfekt	vollendete Gegenwart
pronombre personal	Personalpronomen	persönliches Fürwort
singular	Singular	Einzahl
subjuntivo	Konjunktiv	Möglichkeitsform
sujeto	Subjekt	Satzgegenstand
verbo	Verb	Zeitwort
verbo auxiliar	Hilfsverb	Hilfszeitwort
verbo defectivo	defektives Verb	unvollständiges Zeitwort
verbo irregular	unregelmäßiges Verb	unregelmäßiges Zeitwort
verbo reflexivo	reflexives Verb	rückbezügliches Zeitwort
verbo regular	regelmäßiges Verb	regelmäßiges Zeitwort
vocal	Vokal	Selbstlaut
voz pasiva	Passiv	Leideform

Das Verb

Im Spanischen unterscheidet man drei Konjugationen:
1. Konjugation: die Verben auf -ar (am**ar**)
2. Konjugation: die Verben auf -er (beb**er**)
3. Konjugation: die Verben auf -ir (viv**ir**)

Subjektpronomen sind im Spanischen nicht obligatorisch, außer wenn sie betont sind. Nur aus der Endung des Verbs ist meistens die Person ersichtlich:

Compro flores. — *Ich kaufe Blumen.*
Aprendemos español. — *Wir lernen Spanisch.*

Die Endung drückt aber auch aus, in welcher Zeit eine Handlung stattfindet oder ob es sich bei einer Aussage um eine Behauptung, eine Bedingung, einen Befehl, oder eine Vermutung handelt. Das bedeutet, dass Sie die Endungen besonders aufmerksam lernen müssen!

Die Höflichkeitsform ist die 3. Person Singular in der Einzahl (usted) und die 3. Person Plural in der Mehrzahl (ustedes).

Die Zeiten

Die Gegenwart

Das Presente (Präsens) wird gebildet aus dem Stamm des Verbs + folgenden Endungen:
Verben auf -ar: -o, -as, -a, -amos, -áis, -an
Verben auf -er: -o, -es, -e, -emos, -éis, -en
Verben auf -ir: -o, -es, -e, -imos, -ís, -en

Abgesehen von diesen regelmäßigen Formen weisen viele Verben bei der Bildung des Präsens Unregelmäßigkeiten auf. Diese Verben finden Sie in den Konjugationstabellen ab Seite 24 bzw. der Alphabetischen Verbliste ab Seite 190.

Das Presente wird benutzt für:

- Zustände oder Handlungen,
  - die sich in der Gegenwart abspielen:
    Hoy llueve. — *Heute regnet es.*
  - die bis in die Gegenwart dauern:
    Vivo en Madrid desde hace cinco años. — *Ich wohne seit fünf Jahren in Madrid.*
- Gewohnheiten:
  Por las noches me gusta leer. — *Abends lese ich gern.*
- zeitlos gültige Feststellungen:
  El trabajo cansa. — *Die Arbeit ermüdet.*
- eine zukünftige Handlung, die als sicher angesehen wird:
  Mañana me voy. — *Morgen fahre ich weg.*

- historisches Präsens, von der Vergangenheit wird berichtet, als ob es Gegenwart wäre; dient dazu dramatisch / lebhaft zu erzählen:
  En 1969 Neil Armstrong llega a la luna. *1969 landet Neil Armstrong auf dem Mond.*

Die Vergangenheit

Während das Deutsche nur drei Vergangenheitsformen kennt,

Perfekt: *ich habe gemacht, ich bin gegangen*
Imperfekt: *ich machte, ich ging*
Plusquamperfekt: *ich hatte gemacht, ich war gegangen*

ist in der spanischen Sprache eine weitere Zeit sehr gebräuchlich: das Indefinido. Und während es im Deutschen häufig egal ist, ob man zum Ausdruck der Vergangenheit das Perfekt oder das Imperfekt benutzt, gibt es im Spanischen ganz klare Regeln, wann welche Zeit verwendet werden darf.

Das Perfecto

Das Perfecto (Perfekt) wird immer mit dem Hilfsverb haber (nie ser!) + Partizip des jeweiligen Verbs gebildet:
He comido. *Ich habe gegessen.*
He venido. *Ich bin gekommen.*

Im Gegensatz zu vielen anderen Sprachen ist das Partizip hierbei unveränderlich, d. h. es wird nicht angeglichen, weder an das Subjekt noch an das Objekt:
Las alumnas han aprendido muchas cosas nuevas. *Die Schülerinnen haben sehr viel Neues gelernt.*

Anders als im Deutschen werden die konjugierte Form von haber und das Partizip nie getrennt!
Te he visto en el parque. *Ich habe dich im Park gesehen.*

Das Perfecto wird verwendet:

- wenn sich die Ereignisse vor sehr kurzer Zeit (*heute, vorhin, in letzter Zeit*) zugetragen haben:
  Apenas nos hemos visto últimamente. *Wir haben uns in letzter Zeit kaum gesehen.*
  Hace un rato que se han ido. *Sie sind vor einer Weile gegangen.*
- wenn wir über einen Zeitraum sprechen, in dem wir uns noch befinden (*dieses Jahr, diese Woche, seit Monaten*):
  Este verano he hecho un curso de español. *Diesen Sommer habe ich einen Spanischkurs besucht.*
  Ese ha sido siempre mi sueño. *Das war schon immer mein Traum.*

- wenn wir über eine Handlung der Vergangenheit sprechen, deren Folgen oder Ergebnisse bis in die Gegenwart reichen:

Ha muerto mi abuelo.	*Mein Großvater ist gestorben.*
He bebido demasiado.	*Ich habe zu viel getrunken.*

Für den deutschen Lernenden ist es häufig schwierig, den Gebrauch des Perfekts von dem des Indefinido abzugrenzen.

Das Indefinido

Das Indefinido (historische Vergangenheit) wird wie folgt gebildet:

Bei Verben, die ein regelmäßiges Indefinido haben, werden an den Verbstamm folgende Endungen angehängt:
Verben auf -ar: -é, -aste, -ó, -amos, -asteis, -aron
Verben auf -er: -í, -iste, -ió, -imos, -isteis, -ieron
Verben auf -ir: -í, -iste, -ió, -imos, -isteis, -ieron

Hierbei müssen Sie dennoch auf Unregelmäßigkeiten wie orthographische Anpassungen (siehe Seite 23) und Stammänderungen (siehe Konjugationstabellen ab Seite 24) achten.

Es gibt aber auch zahlreiche Verben, die im Indefinido unregelmäßig sind. Bei denjenigen, deren Stamm im Indefinido unregelmäßig ist, werden folgende Endungen hinzugefügt:
-e, -iste, -o, -imos, -isteis, -ieron.

Beim Indefinido fällt - außer bei den unregelmäßigen Formen - die Betonung nicht auf den Stamm, sondern auf die Endung! Dies ist sehr wichtig, da oft nur an der Betonung bzw. beim geschriebenen Wort am Akzent zu erkennen ist, ob es sich um die Gegenwart oder die Vergangenheit handelt:

hablo *ich spreche*	habló *er/sie sprach*

Das Indefinido wird verwendet:

- für abgeschlossene, zeitlich begrenzte Handlungen oder Vorkommnisse, die zu einem bestimmten Zeitpunkt oder in einer bestimmten Zeitspanne erfolgt sind:

A lo largo de su vida sufrió varios accidentes.	*Im Laufe seines Lebens hatte er mehrere Unfälle.*
En 1989 tuvo lugar la reunificación alemana.	*1989 fand die deutsche Wiedervereinigung statt.*

- für punktuelle Informationen:

A las 21:00 h. se registró un débil temblor de tierra.	*Um 21.00 Uhr wurde ein schwaches Beben registriert.*

- für begrenzt wiederholte Handlungen oder Vorgänge:
  Durante las últimas vacaciones salimos todas las noches. *Im letzten Urlaub sind wir jeden Abend ausgegangen.*
- wenn eine Aktion oder ein Geschehnis nicht aufgrund der Zeitdauer interessiert, sondern nur wegen der Folgen:
  Salí del trabajo, llegué a casa y me fui derecho a la cama. *Ich machte Feierabend, kam nach Hause und ging direkt ins Bett.*

Perfecto oder Indefinido?

Sowohl mit dem Perfecto als auch mit dem Indefinido können vergangene, abgeschlossene Handlungen ausgedrückt werden. Wann Sie die eine und wann die andere Zeitform verwenden, ist jedoch keine Frage des Stils oder der Sprachebene. Vielmehr gibt es klare Regeln, bei welchen Handlungen der Vergangenheit das Perfecto und bei welchen das Indefinido verwendet wird.

Häufig kann man anhand von Zeitbestimmungen innerhalb des Satzes erkennen, welche Zeit verwendet werden muss, z. B.:
Perfecto: hoy, hace dos horas, esta semana, este año, nunca, siempre, hace poco...
Indefinido: ayer, anoche, la semana pasada, en 2006, a los 20 años...

Gibt es keine solche Zeitangaben, wird das Perfecto gebraucht, wenn die Handlung vom Sprecher als noch relativ nah in Bezug auf die Gegenwart empfunden wird. Das Indefinido wird hingegen verwendet, wenn die Handlung schon länger zurückliegt bzw. für den Sprecher schon Teil der ferneren Vergangenheit ist:
He visto a tu hermano. *Ich habe deinen Bruder getroffen.* (heute oder in letzter Zeit)
Vi a tu hermano. *Ich traf deinen Bruder.* (irgendwann mal)

In vielen Gegenden Lateinamerikas wird übrigens das Indefinido verwendet, wo man in Spanien das Perfecto gebraucht:
¿Viste la película de Almodóvar? *Hast du den Film von Almodóvar gesehen?*
anstatt: ¿Has visto la película de Almodóvar?

Das Imperfecto

Das Imperfecto (Imperfekt) wird gebildet aus dem Stamm des Verbs + folgenden Endungen:
Verben auf -ar: -aba, -abas, -aba, -ábamos, -abais, -aban
Verben auf -er und -ir: -ía, -ías, -ía, -íamos, -íais, -ían

Diese Bildung gilt für alle Verben außer für ir, ser und ver (siehe Seite 96, 26 und 164). Das Imperfecto ist fast immer regelmäßig.

Das Imperfecto wird verwendet:

- zur Beschreibung eines Zustands oder einer Situation:

De joven, Luisa era muy tímida.	*Als junge Frau war Luisa sehr schüchtern.*

- zum Ausdruck von Gewohnheiten sowie sich wiederholenden Handlungen oder Vorgängen:

De niño me gustaba mucho leer cuentos.	*Als Kind las ich sehr gern Märchen.*
Hace unos años íbamos a menudo de excursión.	*Vor ein paar Jahren machten wir häufig Ausflüge.*

- für zeitlich nicht deutlich begrenzte Vorgänge oder Handlungen:

Veíamos cómo los barcos entraban en el puerto.	*Wir beobachteten, wie die Schiffe in den Hafen einfuhren.*

- für eine Handlung, die in ihrer Dauer dargestellt wird und als Hintergrund für eine andere Handlung dient. Diese häufig punktuelle Handlung wird mit dem Indefinido oder Perfecto ausgedrückt:

No estaba en casa cuando llamaste.	*Ich war nicht zuhause, als du anriefst.*
Antes siempre los invitábamos, pero sólo vinieron una vez.	*Früher luden wir sie immer wieder ein, aber sie kamen nur einmal.*
Cuando éramos aún pequeños murió nuestra madre.	*Als wir noch klein waren, starb unsere Mutter.*
Quería ser médico pero no terminó la carrera.	*Er wollte Arzt werden, hat aber das Studium nicht beendet.*
Sabías mi dirección pero no me has escrito.	*Du hattest meine Adresse, aber du hast mir nicht geschrieben.*
Cuando estábamos durmiendo ha llovido mucho.	*Während wir schliefen, hat es viel geregnet.*
Tenían miedo y nos pidieron ayuda.	*Sie hatten Angst und baten uns um Hilfe.*

Beachten Sie außerdem folgende Unterschiede zwischen dem Imperfecto und dem Indefinido:

Tenían un hijo. Tuvieron un hijo.	*Sie hatten ein Kind.* *Sie bekamen ein Kind.*
Conocía a Antonio. Conocí a Antonio.	*Ich kannte Antonio.* *Ich lernte Antonio kennen.*
Cuando venía mi tía traía regalos.	*Immer wenn meine Tante kam, brachte sie Geschenke mit.*
Cuando vino mi tía trajo regalos.	*Als meine Tante kam, brachte sie Geschenke mit.*
Cuando iba a casa comí algo. Cuando fui a casa comí algo.	*Auf dem Weg nach Hause aß ich etwas.* *Als ich nach Hause kam, aß ich* etwas.

Das Pluscuamperfecto

Das Pluscuamperfecto (Plusquamperfekt, vollendete Vergangenheit) wird gebildet aus einer Imperfecto-Form von haber + Partizip.

Mit dem Pluscuamperfecto wird - wie im Deutschen auch - eine Handlung ausgedrückt, die nicht nur in der Vergangenheit, sondern vor einer anderen schon vergangenen Handlung stattgefunden hat:

Corrí a la estación, pero el tren ya había salido.	*Ich eilte zum Bahnhof, aber der Zug war schon abgefahren.*
Nunca había visto nada igual.	*Ich hatte noch nie so was gesehen.*

Die Zukunft

Um zu erzählen, was Sie an Weihnachten oder für nächsten Sommer planen, brauchen Sie nicht unbedingt die Futurformen des Verbs. Im Grunde ist dies auch mit der Gegenwartsform in Begleitung der passenden Zeitangabe möglich:

La semana que viene termino mis estudios. *Nächste Woche beende ich mein Studium.*

Trotzdem ist häufig der Gebrauch einer eigenen Zeitform zum Ausdruck eines zukünftigen Geschehens sinnvoll.

Die nahe Zukunft

Um über ein Vorhaben oder etwas, was in der nächsten Zeit stattfinden soll, zu sprechen, wird oft das Präsens von ir a + Infinitiv verwendet:

Voy a hablar con Pedro.	*Ich werde mit Pedro sprechen.*
Va a llover.	*Es wird bald regnen.*

Das Futuro imperfecto

Das Futuro imperfecto oder Futuro simple (Futur I) wird gebildet aus der ganzen Infinitivform des Verbs + den folgenden Endungen, die denen des Presente von haber entsprechen:
-é, -ás, -á, -emos, -éis, -án.

Die Endungen sind bei allen drei Verbgruppen identisch, bei einigen Verben ändert sich jedoch die Stammform (siehe Konjugationstabellen, S. 24 - 171).

Mit dem Futuro imperfecto können Sie praktisch alle Handlungen in der nahen und fernen Zukunft ausdrücken.
Darüber hinaus dienen die Zukunftsformen zum Ausdruck von Vermutungen, ähnlich wie im Deutschen auch:

Supongo que tus padres estarán ya en casa.	*Ich vermute, dass deine Eltern schon zu Hause sein werden.*

Das Futuro perfecto

Neben der einfachen Futurform gibt es auch im Spanischen eine zusammengesetzte Form, das Futuro perfecto (Futur II, vollendete Zukunft). Es wird gebildet aus dem Futuro imperfecto von haber + Partizip des Verbs.

Das Futuro perfecto wird im Spanischen genauso verwendet wie im Deutschen: zum Ausdruck einer Handlung, die in der Zukunft schon abgeschlossen sein wird.

Para el mes que viene habremos arreglado el piso.	*Bis nächsten Monat werden wir die Wohnung renoviert haben.*

Auch das zusammengesetzte Futur kann zum Ausdruck von Vermutungen eingesetzt werden:

Mira, Julio vuelve. Habrá perdido el avión.	*Schau mal, Julio kommt zurück. Er wird wohl den Flug verpasst haben.*

Die Modi

Bisher wurde hier nur über einen Modus gesprochen: den Indikativ - die so genannte Wirklichkeitsform. Im Folgenden erhalten Sie einen Überblick über die restlichen Modi und deren Anwendung.

Das Condicional

Das Condicional (Konditional, Bedingungsform) wird gebildet aus der ganzen Form des Infinitivs des Verbs + den folgenden Endungen, die denen des Imperfecto von haber entsprechen:
-ía, -ías, -ía, -íamos, -íais, -ían.

Auch bei den unregelmäßigen Condicional-Formen (siehe Konjugationstabellen, S. 24 - 171) ändern sich die Endungen nicht.

Das Condicional wird verwendet:

- in höflichen Wendungen oder Bitten:
  ¿Podría usted ayudarme? *Könnten Sie mir helfen?*
- für eine bedingte oder imaginäre Situation:
  Tendría que trabajar, pero me voy contigo. *Ich müsste arbeiten, aber ich gehe mit.*
- bei Ratschlägen:
  Deberías fumar menos. *Du solltest weniger rauchen.*
  Yo, en tu lugar, no lo haría. *Ich würde es an deiner Stelle nicht tun.*
- in Verbindung mit Verben des Wünschens:
  Me gustaría mucho saber tocar el piano. *Ich würde gern Klavier spielen können.*
- in Bedingungssätzen:
  Si pudiera / pudiese, te ayudaría. *Wenn ich könnte, würde ich dir helfen.*
  Si hubiera podido, te habría ayudado. *Wenn ich gekonnt hätte, hätte ich dir geholfen.*

Der Imperativ

Bei den regelmäßigen Verben können Sie die Formen des Imperativs (Befehlsform) wie folgt ableiten:

- 2. Person Singular (tú) des Imperativs = 3. Person Singular (él, ella) Präsens:
  él compr**a** → ¡compr**a** (tú)!, ella beb**e** → ¡beb**e** (tú)!
- die 2. Person Plural (vosotros, vosotras) des Imperativs wird aus dem Infinitiv abgeleitet; das -r wird dabei durch -d ersetzt: compr**ar** → ¡compr**ad**!, beb**er** → ¡beb**ed**!, sub**ir** → ¡sub**id**!
- alle anderen Imperative, also auch alle verneinten Imperative, entsprechen den jeweiligen Formen des Presente de subjuntivo:
  que compres → ¡no compr**es**!, que usted compre → ¡(no) compr**e** (usted)!...

Beim bejahten Imperativ werden die Personalpronomen an das Verb angehängt:

Dámelo.	*Gib es mir.*
Cuéntanoslo.	*Erzähl es uns.*

Wird ein Reflexivpronomen angehängt, fällt das -d der vosotros-Form und das -s der nosotros-Form weg:

Compraos el libro.	*Kauft euch das Buch.*
Vámonos / Vayámonos.	*Gehen wir.*

Auf den Imperativ werden Sie in der spanischen Sprache häufig stoßen, sei es im Rahmen eines Befehls, eines freundlichen Angebots, eines Ratschlags oder Hinweises. Dabei werden Befehlsformen häufig wiederholt; dies sollte jedoch nicht als aufdringlich, sondern vielmehr als sehr freundlich oder höflich verstanden werden:

¡Pase, pase!	*Bitte, treten Sie doch ein!*
Deja, deja, que ya lo hago yo.	*Lass mal, ich mach' das schon.*

Unpersönliche Aufforderungen können auch mit dem Infinitiv ausgedrückt werden:

No pasar	*Kein Zutritt*
No fumar	*Nicht rauchen*

Der Subjuntivo Präsens und Perfekt

(Presente de subjuntivo und Perfecto de subjuntivo)

Dem Subjuntivo kommt im Spanischen eine weitaus wichtigere Rolle zu als dem Konjunktiv im Deutschen, dem er oft gegenübergestellt wird. Es ist der Modus der Nicht-Wirklichkeit. Er ist absolut unabkömmlich bei vielen spanischen Nebensätzen und sowohl für die schriftliche als auch für die gesprochene Sprache von äußerster Wichtigkeit.

Das Presente de subjuntivo wird gebildet aus dem Stamm der 1. Person Singular des Presente de indicativo + folgenden Endungen:
Verben auf -ar: -e, -es, -e, -emos, -éis, -en
Verben auf -er und -ir: -a, -as, -a, -amos, -áis, -an

Diese Endungen entsprechen quasi denen des Presente de indicativo, allerdings wird im Subjuntivo bei Verben auf -ar das -a- zu -e-, bei Verben auf -er und -ir werden -e- und -i- zu -a-.

Ausnahmen: dar, estar, haber, ir, saber, ser (vgl. Konjugationstabellen ab S. 24)

Das Perfecto de subjuntivo wird gebildet aus dem Presente de subjuntivo von haber + Partizip des Verbs.

Der Subjuntivo wird prinzipiell zum Ausdruck einer subjektiven Sichtweise eingesetzt. Er wird verwendet:

- in Hauptsätzen zum Ausdruck von Vermutungen:
  Tal vez hayan encontrado atasco. — *Vielleicht sind sie in einen Stau geraten.*
  Posiblemente esté en casa. — *Wahrscheinlich ist sie zu Hause.*

- in mit que eingeleiteten Ausrufesätzen, die eine Willens- oder Wunschäußerung ausdrücken:
  ¡Que te diviertas! — *Viel Spaß!*
  ¡Que duermas bien! — *Schlaf gut!*
  ¡Que no se te olvide! — *Vergiss es nicht!*

- in zahlreichen elliptischen Sätzen, die bereits zu feststehenden Ausdrücken geworden sind:
  como sea — *egal wie*
  pase lo que pase — *egal, was geschieht*
  lo que sea — *egal was*

- zur Wiedergabe von Befehlsformen in der indirekten Rede:
  Dice el jefe que te quedes y hables con él. — *Der Chef sagt, du sollst bleiben und mit ihm sprechen.*

- in Relativsätzen, wenn nicht die Wirklichkeit, sondern ein Wunsch, eine Vorstellung, eine Eventualität beschrieben wird:
  Busco un piso que esté cerca del centro. — *Ich suche eine Wohnung in Zentrumsnähe.*

- in mit que eingeleiteten Nebensätzen nach:
  - Willensäußerungen (Wünsche, Befehle, Bitten, Erlaubnis, Rat, Absicht, Vorschläge):
    Quiero que vayas a la ciudad. — *Ich möchte, dass du in die Stadt fährst.*
    ¿Desean que los acompañe? — *Soll ich Sie begleiten*
  - Gefühlsäußerungen (Gemütszustände, Hoffnung, Furcht, Freude, Bedauern, Erstaunen):
    Espero que estés bien. — *Ich hoffe, es geht dir gut.*
    Deseo que todo vaya bien. — *Ich wünsche, dass alles gut läuft.*
    Me alegra que hayas venido. — *Es freut mich, dass du gekommen bist.*
  - Meinungsäußerungen, Bewertungen, Reaktionen:
    Me molesta que digas eso. — *Es stört mich, dass du das sagst.*
    Me parece bien que le ayudes. — *Ich finde es gut, dass du ihm hilfst.*
    ¡Qué raro que no hayan llamado! — *Komisch, dass sie nicht angerufen haben!*

Wenn Haupt- und Nebensatz das gleiche Subjekt haben wird der Infinitiv verwendet:

Me molesta que tengas que decírselo.	*Es stört mich, dass du es ihm sagen musst.*
aber:	
Me molesta tener que decirselo.	*Es stört mich, es ihm sagen zu müssen.*

Es gibt Verben, die in der bejahten Form mit Indikativ auskommen, während deren Verneinung den Subjuntivo verlangt. Das sind die Verben der persönlichen Meinungsäußerung, des Glaubens und Denkens. Aber Vorsicht: Ausschlaggebend ist, dass das Verb des Hauptsatzes verneint ist, nicht das des Nebensatzes.

Creo que va a venir.	*Ich glaube, dass er kommen wird.*
Creo que no va a venir.	*Ich glaube, dass er nicht kommen wird.*
aber:	
No creo que vaya a venir.	*Ich glaube nicht, dass er kommen wird.*
Pienso que es interesante.	*Ich denke, dass es interessant ist.*
Pienso que no es interesante.	*Ich denke, dass es nicht interessant ist.*
aber:	
No pienso que sea interesante.	*Ich denke nicht, dass es interessant ist.*

Gegenüberstellung von Indikativ und Subjuntivo

Es gibt Fälle, in denen beide Modi, sowohl Subjuntivo als auch Indikativ, grammatikalisch zwar zulässig sind, in denen es jedoch je nach Modus zu Bedeutungsunterschieden kommt. Das ist der Fall:

- bei Temporalsätzen. Abhängig davon, ob der ausschlaggebende Zeitpunkt auf die Zukunft bezogen ist oder nicht, wird der eine oder andere Modus gebraucht:

Cuando viene Luis tomamos vino.	*Jedes Mal, wenn Luis kommt, trinken wir Wein.*
Cuando venga tomaremos vino.	*Wenn er kommt, werden wir Wein trinken.*
Espero hasta que llegan noticias.	*Ich warte (immer), bis es Nachrichten gibt.*
Espero hasta que lleguen noticias.	*Ich werde warten, bis es Nachrichten gibt.*

- in Verbindung mit bestimmten Konjunktionen:

Aunque hace frío vamos al Norte.	*Obwohl es kalt ist, fahren wir in den Norden.*
Aunque haga frío vamos al Norte.	*Auch wenn es kalt sein sollte, fahren wir in den Norden.*

Der Subjuntivo Imperfekt und Plusquamperfekt

(Imperfecto de subjuntivo und Pluscuamperfecto de subjuntivo)

Das Imperfecto de subjuntivo wird ausnahmslos gebildet aus der 3. Person Plural des Indefinido ohne -ron + folgenden Endungen:
Formen auf -ra: -ra, -ras, -ra, -ramos, -rais, -ran
Formen auf -se: -se, -ses, -se, -semos, -seis, -sen
Die Formen auf -ra und auf -se sind grundsätzlich gleichwertig.

Das Pluscuamperfecto de subjuntivo wird gebildet aus dem Imperfecto de subjuntivo von haber + Partizip des Verbs.

Der Gebrauch des Imperfecto de subjuntivo und des Pluscuamperfecto de subjuntivo folgt den gleichen Regeln wie der Gebrauch des Presente de subjuntivo. In den Fällen jedoch, in denen der Hauptsatz in der Vergangenheit steht, wird im Nebensatz das Presente de subjuntivo zum Imperfecto de subjuntivo und das Perfecto de subjuntivo zum Pluscuamperfecto de subjuntivo:

No quiero que vengas.	*Ich will nicht, dass du kommst.*
No quise que vinieras.	*Ich wollte nicht, dass du kommst.*
Es importante que lo hagas.	*Es ist wichtig, dass du es machst.*
Era importante que lo hicieras.	*Es war wichtig, dass du es gemacht hast.*
Me extraña que lo haya dicho.	*Es wundert mich, dass sie es gesagt hat.*
Me extrañó que lo hubiese dicho.	*Es wunderte mich, dass sie es gesagt hatte.*

Die unpersönlichen Formen des Verbs

Der Infinitiv, das Gerundium und das Partizip dienen in Verbindung mit einem Hilfsverb zur Bildung von Zeiten, in Verbindung mit einem weiteren Vollverb zur Bildung von Verbalkonstruktionen - feste Verbindungen, die im Spanischen sehr gebräuchlich sind.

Verbalkonstruktionen mit dem Infinitiv

acabar de	Acabo de hablar con ella.	*Ich habe gerade mit ihr gesprochen.*
comenzar / empezar a	Comencé a / Empecé a trabajar ayer.	*Gestern habe ich angefangen zu arbeiten.*
estar a punto de	Estoy a punto de terminarlo.	*Ich bin gleich damit fertig.*
tratar de / intentar	Trata de / Intenta dormir.	*Versuch zu schlafen.*
pensar	Pienso cambiarme de piso.	*Ich habe vor, umzuziehen.*
volver a	Han vuelto a preguntar por ti.	*Sie haben wieder / nochmals nach dir gefragt.*
dejar de	Hemos dejado de fumar.	*Wir haben aufgehört zu rauchen.*
soler	Solemos dormirnos pronto.	*Normalerweise gehen wir früh schlafen.*

ponerse a	De pronto se puso a gritar.	*Er fing plötzlich an zu schreien.*
ir a	Voy a comprar.	*Ich gehe einkaufen.*
atreverse a	No me atrevo a decirlo.	*Ich traue mich nicht, es zu sagen.*
dejar	¡Déjame ir!	*Lass mich gehen!*
obligar a / hacer	El tiempo nos obligó a / nos hizo regresar.	*Das Wetter zwang uns zurückzukehren.*
conseguir / lograr	No conseguí / logré llegar a tiempo.	*Ich schaffte es nicht / Es gelang mir nicht, rechtzeitig zu kommen.*
saber	No sabe leer ni escribir.	*Er kann weder lesen noch schreiben.*
oír bzw. ver	¿Me oíste llegar? – No, pero sí te vi encender la luz.	*Hast du mich kommen hören? – Nein, aber ich habe dich das Licht anmachen sehen.*

Das Gerundium

Das Gerundium wird aus dem Infinitiv abgeleitet:
die Endung -ar wird durch -ando ersetzt: compr**ar** → compr**ando**
die Endungen -er und -ir werden durch -iendo ersetzt: beb**er** → beb**iendo**

Zu den Unregelmäßigkeiten siehe Konjugationstabellen, Seite 24 – 171.

Das Gerundium wird verwendet:

- als Verkürzung von Nebensätzen, die im Deutschen mit *indem, weil, während, wenn, da, als* eingeleitet werden. Es steht in diesem Fall allein und schließt sich häufig an die konjugierte Form des Verbs an:

Leyendo se aprende mucho.	*Man lernt viel beim Lesen / indem man liest.*
Se levantó llorando.	*Sie stand heulend auf.*
Me caí bajando la escalera.	*Ich stürzte, als ich die Treppe herunterging.*
He venido andando.	*Ich bin zu Fuß gekommen.*
No arreglas nada enfadándote.	*Es bringt nichts, wenn du dich ärgerst.*

- zur Bildung der Verlaufsform (Gerundium), d. h. zur Bezeichnung einer Handlung, die gerade stattfindet, wobei der Verlauf der Handlung in besonderer Weise betont wird. In diesem Fall steht das Gerundium mit der konjugierten Form von estar:

¿Qué estás haciendo?	*Was machst du da / gerade?*
Siempre estaba cantando.	*Sie war immer am Singen.*
¿Todavía estás comiendo?	*Bist du immer noch beim Essen?*
¿Por qué (te) has estado riendo en clase?	*Warum hast du im Unterricht die ganze Zeit gelacht?*
Estoy trabajando en un café.	*Zur Zeit jobbe ich in einem Café.*
Estuvimos viviendo un tiempo en Berlín.	*Wir wohnten eine Zeit lang in Berlin.*
Te estaré esperando aquí.	*Ich werde hier auf dich warten.*
Habíamos estado pensando mucho sobre ello.	*Wir hatten lange darüber nachgedacht.*

Verbalkonstruktionen mit dem Gerundium:

seguir / continuar	Sigue / Continúa leyendo, por favor.	*Lies bitte weiter.*
llevar + Zeitraum	Llevo seis años viviendo aquí.	*Ich wohne schon sechs Jahre hier.*
ir	Vamos arreglando la casa.	*Wir renovieren allmählich das Haus.*
venir	Viene dándose este problema desde hace tiempo.	*Dieses Problem taucht seit einiger Zeit immer wieder auf.*
empezar	El conferenciante empezó citando a Goethe.	*Der Referent fing mit einem Zitat von Goethe an.*
acabar / terminar	Acabaron / Terminaron mudándose.	*Schließlich sind sie umgezogen.*
pasarse + Zeitraum	Te pasas el día trabajando.	*Du arbeitest den ganzen Tag.*

Das Partizip

Das Partizip wird ebenfalls aus dem Infinitiv abgeleitet:
die Endung -ar wird durch -ado ersetzt: compr**ar** → compr**ado**
die Endungen -er und -ir werden durch -ido ersetzt: beb**er** → beb**ido**

Die zahlreichen unregelmäßigen Formen – auch bei sonst regelmäßigen Verben – finden Sie in den Konjugationstabellen, Seite 24 – 171.

Das Partizip kann allein oder als Teil einer Verbalkonstruktion im Satz stehen. Während das Partizip in den zusammengesetzten Zeiten unveränderlich ist, wird es in diesen Fällen an das Substantiv in Zahl und Geschlecht angeglichen:

Terminada la representación, el público aplaudió durante diez minutos.	*Nachdem die Aufführung beendet war, klatschte das Publikum zehn Minuten lang Beifall.*
Encontré a los niños ya dormidos.	*Ich fand die Kinder schon schlafend vor.*

Verbalkonstruktionen mit dem Partizip:

estar sentado, -a	Estábamos sentados en el jardín.	*Wir saßen im Garten.*
estar tumbado, -a	Está tumbada al sol.	*Sie liegt in der Sonne.*
estar levantado, -a	¿Ya estáis levantados?	*Seid ihr schon auf?*
llevar + Zeitraum	Los documentos llevan días preparados.	*Die Unterlagen sind seit Tagen abholbereit.*
dejar	¿Quién ha dejado la luz encendida?	*Wer hat das Licht angelassen?*

Zusammenfassung der orthographischen Besonderheiten

Zahlreiche spanische Verben weisen regelmäßige orthographische Veränderungen auf, damit die Aussprache der Grundform beibehalten werden kann. Die folgenden Regeln gelten für alle Zeiten und Modi.

- Verben mit Endung -car: **-c-** → **-qu-** vor **-e**
  ata**c**ar → ata**qu**e, bus**c**ar → bus**qu**e...
- Verben mit Endung -gar: **-g-** → **-gu-** vor **-e**
  pa**g**ar → pa**gu**emos, ju**g**ar → ju**gu**emos...
- Verben mit Endung -zar: **-z-** → **-c-** vor **-e**
  almor**z**ar → almuer**c**es, cru**z**ar → cru**c**es...
- Verben mit Endung -guar: **-gu-** → **-gü-** vor **-e**
  averi**gu**ar → averi**gü**é, a**gu**ar → a**gü**e...
- Verben mit Endung -cer bzw. -cir: **-c-** → **-z-** vor **-a** und **-o**
  ven**c**er → ven**z**a, zur**c**ir → zur**z**a...
- Verben mit Endung -ger bzw. -gir: -g- → **-j-** vor **-a** und **-o**
  co**g**er → co**j**o, diri**g**ir → diri**j**o...
- Verben mit Endung -guir: **-gu-** → **-g-** vor **-a** und **-o**
  se**gu**ir → si**g**o, distin**gu**ir → distin**g**o...
- Verben mit Endung -quir: **-qu-** → **-c-** vor **-a** und **-o**
  delin**qu**ir → delin**c**o...

Auch die Veränderung des Akzents ist eine rein orthographische Variante, z. B. bei:

- zahlreichen Verben mit der Endung -iar:
  ampl**i**ar → ampl**í**o, conf**i**ar → conf**í**as...
- zahlreichen Verben mit der Endung -uar:
  acent**u**ar → acent**ú**a, contin**u**ar → contin**ú**e...
- oder auch bei Verben wie:
  aislar → **aí**slo, pose**e**r → pose**í**ste, proh**i**bir → proh**í**be, reh**u**ir → reh**ú**ye, re**u**nir → re**ú**ne...

1 haber

haben

Indicativo

Presente	Pretérito perfecto
he	—
has	—
ha	ha habido
hemos	—
habéis	—
han	—

Imperfecto	Pluscuamperfecto
había	—
habías	—
había	había habido
habíamos	—
habíais	—
habían	—

Indefinido	Pretérito anterior
hube	—
hubiste	—
hubo	hubo habido
hubimos	—
hubisteis	—
hubieron	—

Futuro imp.	Futuro perfecto
habré	—
habrás	—
habrá	habrá habido
habremos	—
habréis	—
habrán	—

Condicional	Condicional comp.
habría	—
habrías	—
habría	habría habido
habríamos	—
habríais	—
habrían	—

Subjuntivo

Presente	Imperfecto
haya	hubiera / hubiese
hayas	hubieras / hubieses
haya	hubiera / hubiese
hayamos	hubiéramos / hubiésemos
hayáis	hubierais / hubieseis
hayan	hubieran / hubiesen

Perfecto	Pluscuamperfecto
—	—
—	—
haya habido	hubiera / hubiese habido
—	—
—	—
—	—

Imperativo

afirmativo	negativo
—	—
—	—
—	—
—	—
—	—

Infinitivo

simple	compuesto
haber	haber habido

Gerundio

simple	compuesto
habiendo	habiendo habido

Participio

habido

Beispiele und Wendungen

Pablo ha ido al cine.
Pablo ist ins Kino gegangen.

Hoy no hay pescado.
Heute gibt es keinen Fisch.

hay que trabajar — *man muss arbeiten*

Besonderheiten

Haber wird entweder als Hilfsverb zur Bildung der zusammengesetzten Zeiten verwendet:

¡Si lo hubiera sabido! — *Wenn ich es gewusst hätte!*

... oder in der unpersönlichen Form hay *(es gibt)*, um die Position einer Person oder eines Gegenstandes im Raum zu beschreiben. Dafür kann man auf Spanisch sowohl hay als auch estar benutzen. Hay wird ausschließlich mit unbestimmtem Subjekt benutzt, z. B.:

- mit den unbestimmten Artikeln un, una, unos, unas:
En el jardín hay un árbol. — *Im Garten steht ein Baum.*

- mit den Indefinitpronomen (mucho, poco, nada, todo, alguien, nadie...):
Hay pocos clientes en el bar. — *Es sind wenige Gäste in der Kneipe.*

- mit Zahlen:
Hay 3 estudiantes en el aula. — *Es sind 3 Schüler im Klassenzimmer.*

- mit Substantiven ohne Bestimmung (z. B. pan, dinero, agua...):
No hay agua en la nevera. — *Es ist kein Wasser im Kühlschrank.*

Tipp

Im Gegensatz zum Deutschen werden die zusammengesetzten Zeiten im Spanischen ausschließlich mit haber gebildet (also nie mit ser)!

2 ser

sein

Indicativo

Presente	Pretérito perfecto
soy	he sido
eres	has sido
es	ha sido
somos	hemos sido
sois	habéis sido
son	han sido

Imperfecto	Pluscuamperfecto
era	había sido
eras	habías sido
era	había sido
éramos	habíamos sido
erais	habíais sido
eran	habían sido

Indefinido	Pretérito anterior
fui	hube sido
fuiste	hubiste sido
fue	hubo sido
fuimos	hubimos sido
fuisteis	hubisteis sido
fueron	hubieron sido

Futuro imp.	Futuro perfecto
seré	habré sido
serás	habrás sido
será	habrá sido
seremos	habremos sido
seréis	habréis sido
serán	habrán sido

Condicional	Condicional comp.
sería	habría sido
serías	habrías sido
sería	habría sido
seríamos	habríamos sido
seríais	habríais sido
serían	habrían sido

Subjuntivo

Presente	Imperfecto
sea	fuera / fuese
seas	fueras / fueses
sea	fuera / fuese
seamos	fuéramos / fuésemos
seáis	fuerais / fueseis
sean	fueran / fuesen

Perfecto	Pluscuamperfecto
haya sido	hubiera / hubiese sido
hayas sido	hubieras / hubieses sido
haya sido	hubiera / hubiese sido
hayamos sido	hubiéramos / hubiésemos sido
hayáis sido	hubierais / hubieseis sido
hayan sido	hubieran / hubiesen sido

Imperativo

	afirmativo	negativo
(tú)	sé	no seas
(usted)	sea	no sea
(nosotros)	seamos	no seamos
(vosotros)	sed	no seáis
(ustedes)	sean	no sean

Infinitivo

simple	compuesto
ser	haber sido

Gerundio

simple	compuesto
siendo	habiendo sido

Participio

sido

Beispiele und Wendungen

Pablo es un chico muy simpático.
Pablo ist ein sehr sympathischer Junge

El coche rojo es de mi padre.
Das rote Auto gehört meinem Vater.

¿De dónde eres? *Woher kommst du?*
Hoy es miércoles. *Heute ist Mittwoch.*

Besonderheiten

Für das deutsche *sein* gibt es im Spanischen zwei verschiedene Verben: ser und estar.
Ser wird verwendet:

- vor Substantiven:
Santiago es la capital de Chile. *Santiago ist die Hauptstadt Chiles.*

- für Personenangaben wie Identität, Herkunft, Beruf, Religion usw.:
Soy Jorge Medina y soy médico. *Ich bin Jorge Medina und ich bin Arzt.*

- bei Zeitangaben:
Son las doce y media. *Es ist halb eins.*

- bei Angabe des Besitzes und bei Angabe des Materials:
¿Estos cuadernos son vuestros? *Gehören euch diese Hefte?*
La puerta es de madera. *Die Tür ist aus Holz.*

- als Hilfsverb zur Bildung des Passivs:
Su casa fue convertida en un museo. *Sein Haus wurde zu einem Museum umgebaut.*

Tipp
Ser und ir (Tabelle Nr. 37) haben im Indefinido identische unregelmäßige Formen.
Sie brauchen diese also nur einmal zu lernen!

3 estar

sein, sich befinden

Indicativo

Presente	Pretérito perfecto
estoy	he estado
estás	has estado
está	ha estado
estamos	hemos estado
estáis	habéis estado
están	han estado

Imperfecto	Pluscuamperfecto
estaba	había estado
estabas	habías estado
estaba	había estado
estábamos	habíamos estado
estabais	habíais estado
estaban	habían estado

Indefinido	Pretérito anterior
estuve	hube estado
estuviste	hubiste estado
estuvo	hubo estado
estuvimos	hubimos estado
estuvisteis	hubisteis estado
estuvieron	hubieron estado

Futuro imp.	Futuro perfecto
estaré	habré estado
estarás	habrás estado
estará	habrá estado
estaremos	habremos estado
estaréis	habréis estado
estarán	habrán estado

Condicional	Condicional comp.
estaría	habría estado
estarías	habrías estado
estaría	habría estado
estaríamos	habríamos estado
estaríais	habríais estado
estarían	habrían estado

Subjuntivo

Presente	Imperfecto
esté	estuviera / estuviese
estés	estuvieras / estuvieses
esté	estuviera / estuviese
estemos	estuviéramos / estuviésemos
estéis	estuvierais / estuvieseis
estén	estuvieran / estuviesen

Perfecto	Pluscuamperfecto
haya estado	hubiera / hubiese estado
hayas estado	hubieras / hubieses estado
haya estado	hubiera / hubiese estado
hayamos estado	hubiéramos / hubiésemos estado
hayáis estado	hubierais / hubieseis estado
hayan estado	hubieran / hubiesen estado

Imperativo

	afirmativo	negativo
(tú)	está (estáte)	no estés
(usted)	esté	no esté
(nosotros)	estemos	no estemos
(vosotros)	estad	no estéis
(ustedes)	estén	no estén

Infinitivo

simple	compuesto
estar	haber estado

Gerundio

simple	compuesto
estando	habiendo estado

Participio

estado

estar

sein, sich befinden

Beispiele und Wendungen

Alicante está en la costa.
Alicante liegt an der Küste.

Está hablando por teléfono.
Er telefoniert gerade.

Estoy a punto de irme. *Ich gehe gleich los.*
¿Está Ana? *Ist Ana da?*

Besonderheiten

Estar (und nicht ser) wird verwendet:

- mit der Bedeutung *sich befinden, irgendwo sein / liegen / stehen*:
Miguel está en Berlín. *Miguel ist in Berlin.*

- beim Datum in der Verbindung estar a:
¿A cuántos estamos? *Den Wievielten haben wir?*

- als Hilfsverb zur Bildung der Verlaufsform (Gerundium):
Estamos cenando. *Wir essen gerade zu Abend.*

Um eine Position auszudrücken, wird estar (und nicht hay) verwendet:

- mit dem bestimmten Artikel (el, la, los, las), den Demonstrativpronomen (este, ese, aquel) und Possessivpronomen (mi, tu, su...):
El árbol está en el jardín. *Der Baum steht im Garten.*

- mit den Personalpronomen (yo, tú, él, ella...):
(Ellos) Están en el hotel. *Sie sind im Hotel.*

Tipp
In der Bedeutung *sich befinden* wird estar immer mit der Präposition en und nie mit a verwendet, z. B. estar en Madrid / en el teatro. Vermeiden Sie typische Fehler wie „Estoy a Madrid"!

Indicativo

Presente	Pretérito perfecto
am**o**	he amado
am**as**	has amado
am**a**	ha amado
am**amos**	hemos amado
am**áis**	habéis amado
am**an**	han amado

Imperfecto	Pluscuamperfecto
am**aba**	había amado
am**abas**	habías amado
am**aba**	había amado
am**ábamos**	habíamos amado
am**abais**	habíais amado
am**aban**	habían amado

Indefinido	Pretérito anterior
am**é**	hube amado
am**aste**	hubiste amado
am**ó**	hubo amado
am**amos**	hubimos amado
am**asteis**	hubisteis amado
am**aron**	hubieron amado

Futuro imp.	Futuro perfecto
am**aré**	habré amado
am**arás**	habrás amado
am**ará**	habrá amado
am**aremos**	habremos amado
am**aréis**	habréis amado
am**arán**	habrán amado

Condicional	Condicional comp.
am**aría**	habría amado
am**arías**	habrías amado
am**aría**	habría amado
am**aríamos**	habríamos amado
am**aríais**	habríais amado
am**arían**	habrían amado

Subjuntivo

Presente	Imperfecto
am**e**	am**ara** / am**ase**
am**es**	am**aras** / am**ases**
am**e**	am**ara** / am**ase**
am**emos**	am**áramos** / am**ásemos**
am**éis**	am**arais** / am**aseis**
am**en**	am**aran** / am**asen**

Perfecto	Pluscuamperfecto
haya amado	hubiera / hubiese amado
hayas amado	hubieras / hubieses amado
haya amado	hubiera / hubiese amado
hayamos amado	hubiéramos / hubiésemos amado
hayáis amado	hubierais / hubieseis amado
hayan amado	hubieran / hubiesen amado

Imperativo

	afirmativo	negativo
(tú)	am**a**	no am**es**
(usted)	am**e**	no am**e**
(nosotros)	am**emos**	no am**emos**
(vosotros)	am**ad**	no am**éis**
(ustedes)	am**en**	no am**en**

Infinitivo

simple	compuesto
am**ar**	haber amado

Gerundio

simple	compuesto
am**ando**	habiendo amado

Participio

am**ado**

Beispiele und Wendungen

Él amaba ir de paseo por el bosque.
Er ging gern im Wald spazieren.

Mi hermano ama las novelas policíacas.
Mein Bruder liest gern Krimis.

Te amo.	*Ich liebe dich.*
amar la naturaleza	*die Natur lieben*

Weitere Verben

bailar - cantar - cenar - cocinar - comprar - desayunar - dibujar - estudiar - ganar - hablar - mirar - nadar - necesitar - preguntar - trabajar

cocinar comida italiana	*italienisch kochen*
mirar por la ventana	*aus dem Fenster schauen*
preguntar algo a alguien	*jdn. etwas fragen*
trabajar de camarero	*als Kellner arbeiten*

Besonderheiten

Es gibt Verben wie z. B. aislar, die zwar zu dieser Gruppe gehören, sich aber durch ihren Akzent unterscheiden: a**í**sla, a**í**slan...
Der Akzent steht dabei auf dem betonten -i-, um zu verdeutlichen, dass die beiden Vokale zu zwei verschiedenen Silben gehören. Er ist im Singular und in der 3. Person Plural des Presente de indicativo und subjuntivo zu finden.

Tipp

Die meisten spanischen Verben gehört zu dieser Gruppe, d. h. wenn Sie diese Konjugation gelernt haben, können Sie schon vieles auf Spanisch sagen!

trinken

Indicativo

Presente	Pretérito perfecto
beb**o**	he bebido
beb**es**	has bebido
beb**e**	ha bebido
beb**emos**	hemos bebido
beb**éis**	habéis bebido
beb**en**	han bebido

Imperfecto	Pluscuamperfecto
beb**ía**	había bebido
beb**ías**	habías bebido
beb**ía**	había bebido
beb**íamos**	habíamos bebido
beb**íais**	habíais bebido
beb**ían**	habían bebido

Indefinido	Pretérito anterior
beb**í**	hube bebido
beb**iste**	hubiste bebido
beb**ió**	hubo bebido
beb**imos**	hubimos bebido
beb**isteis**	hubisteis bebido
beb**ieron**	hubieron bebido

Futuro imp.	Futuro perfecto
beb**eré**	habré bebido
beb**erás**	habrás bebido
beb**erá**	habrá bebido
beb**eremos**	habremos bebido
beb**eréis**	habréis bebido
beb**erán**	habrán bebido

Condicional	Condicional comp.
beb**ería**	habría bebido
beb**erías**	habrías bebido
beb**ería**	habría bebido
beb**eríamos**	habríamos bebido
beb**eríais**	habríais bebido
beb**erían**	habrían bebido

Subjuntivo

Presente	Imperfecto
beb**a**	beb**iera** / beb**iese**
beb**as**	beb**ieras** / beb**ieses**
beb**a**	beb**iera** / beb**iese**
beb**amos**	beb**iéramos** / beb**iésemos**
beb**áis**	beb**ierais** / beb**ieseis**
beb**an**	beb**ieran** / beb**iesen**

Perfecto	Pluscuamperfecto
haya bebido	hubiera / hubiese bebido
hayas bebido	hubieras / hubieses bebido
haya bebido	hubiera / hubiese bebido
hayamos bebido	hubiéramos / hubiésemos bebido
hayáis bebido	hubierais / hubieseis bebido
hayan bebido	hubieran / hubiesen bebido

Imperativo

	afirmativo	negativo
(tú)	beb**e**	no beb**as**
(usted)	beb**a**	no beb**a**
(nosotros)	beb**amos**	no beb**amos**
(vosotros)	beb**ed**	no beb**áis**
(ustedes)	beb**an**	no beb**an**

Infinitivo

simple	compuesto
beb**er**	haber bebido

Gerundio

simple	compuesto
beb**iendo**	habiendo bebido

Participio

beb**ido**

Beispiele und Wendungen

El médico me ha prohibido beber.
Der Arzt hat mir verboten, Alkohol zu trinken.

Es recomendable beber al menos dos litros de agua al día.
Es ist empfehlenswert, mindestens zwei Liter Wasser pro Tag zu trinken.

dar de beber a alguien	*jdm. zu trinken geben*
beber a la salud de alguien	*auf jds. Wohl trinken*

Weitere Verben

aprender - comer - comprender - correr - deber - meter - prometer - responder - romper - temer - vender

aprender de memoria	*auswendig lernen*
meter la pata	*sich blamieren*
responder a una carta	*einen Brief beantworten*
me temo que no	*ich fürchte nein*

Besonderheiten

Das Verb romper hat ein unregelmäßiges Partizip: roto.

Se me han roto las gafas.
Mir ist die Brille kaputtgegangen.

Tipp

Bei den regelmäßigen Verben auf -er werden die für die Personen typischen Endungen statt der Infinitivendung einfach an den Stamm angehängt. Sie brauchen hier also nur die Endungen zu lernen!

vivir

leben, wohnen

Indicativo

Presente	Pretérito perfecto
viv**o**	he vivido
viv**es**	has vivido
viv**e**	ha vivido
viv**imos**	hemos vivido
viv**ís**	habéis vivido
viv**en**	han vivido

Imperfecto	Pluscuamperfecto
viv**ía**	había vivido
viv**ías**	habías vivido
viv**ía**	había vivido
viv**íamos**	habíamos vivido
viv**íais**	habíais vivido
viv**ían**	habían vivido

Indefinido	Pretérito anterior
viv**í**	hube vivido
viv**iste**	hubiste vivido
viv**ió**	hubo vivido
viv**imos**	hubimos vivido
viv**isteis**	hubisteis vivido
viv**ieron**	hubieron vivido

Futuro imp.	Futuro perfecto
viv**iré**	habré vivido
viv**irás**	habrás vivido
viv**irá**	habrá vivido
viv**iremos**	habremos vivido
viv**iréis**	habréis vivido
viv**irán**	habrán vivido

Condicional	Condicional comp.
viv**iría**	habría vivido
viv**irías**	habrías vivido
viv**iría**	habría vivido
viv**iríamos**	habríamos vivido
viv**iríais**	habríais vivido
viv**irían**	habrían vivido

Subjuntivo

Presente	Imperfecto
viv**a**	viv**iera** / viv**iese**
viv**as**	viv**ieras** / viv**ieses**
viv**a**	viv**iera** / viv**iese**
viv**amos**	viv**iéramos** / viv**iésemos**
viv**áis**	viv**ierais** / viv**ieseis**
viv**an**	viv**ieran** / viv**iesen**

Perfecto	Pluscuamperfecto
haya vivido	hubiera / hubiese vivido
hayas vivido	hubieras / hubieses vivido
haya vivido	hubiera / hubiese vivido
hayamos vivido	hubiéramos / hubiésemos vivido
hayáis vivido	hubierais / hubieseis vivido
hayan vivido	hubieran / hubiesen vivido

Imperativo

	afirmativo	negativo
(tú)	viv**e**	no viv**as**
(usted)	viv**a**	no viv**a**
(nosotros)	viv**amos**	no viv**amos**
(vosotros)	viv**id**	no viv**áis**
(ustedes)	viv**an**	no viv**an**

Infinitivo

simple	compuesto
viv**ir**	haber vivido

Gerundio

simple	compuesto
viv**iendo**	habiendo vivido

Participio

viv**ido**

Beispiele und Wendungen

Mi abuelo ya no vive.
Mein Großvater lebt nicht mehr.

Vivió tres años en casa de su tío.
Sie hat drei Jahre bei ihrem Onkel gewohnt.

vivir de algo	*von etwas leben*
vivir a lo grande	*auf großem Fuß leben*

Weitere Verben

abrir - aburrir - agredir - asistir - compartir - decidir - dividir - escribir - existir - partir - persuadir - recibir - resumir - subir - sufrir - unir

abrir una cuenta	*ein Konto eröffnen*
asistir a clase	*den Unterricht besuchen*
compartir piso	*in einer Wohngemeinschaft wohnen*
¿Cómo se escribe?	*Wie schreibt man das?*

Besonderheiten

Einige Verben dieser Gruppe sowie ihre Komposita und Ableitungen haben ein unregelmäßiges Partizip:
abrir ↔ abierto, cubrir ↔ cubierto, escribir ↔ escrito, pudrir ↔ podrido.

Tipp

Auch bei den regelmäßigen Verben auf -ir werden die für die Personen typischen Endungen einfach statt der Infinitivendung an den Stamm angehängt. Außer bei den Formen der 1. und 2. Person Plural (nosotros, vosotros) sind die Endungen meistens die gleichen wie bei den Verben auf -er.

lavarse

sich waschen

Indicativo

Presente	Pretérito perfecto
me lavo	*me* he lavado
te lavas	*te* has lavado
se lava	*se* ha lavado
nos lavamos	*nos* hemos lavado
os laváis	*os* habéis lavado
se lavan	*se* han lavado

Imperfecto	Pluscuamperfecto
me lavaba	*me* había lavado
te lavabas	*te* habías lavado
se lavaba	*se* había lavado
nos lavábamos	*nos* habíamos lavado
os lavabais	*os* habíais lavado
se lavaban	*se* habían lavado

Indefinido	Pretérito anterior
me lavé	*me* hube lavado
te lavaste	*te* hubiste lavado
se lavó	*se* hubo lavado
nos lavamos	*nos* hubimos lavado
os lavasteis	*os* hubisteis lavado
se lavaron	*se* hubieron lavado

Futuro imp.	Futuro perfecto
me lavaré	*me* habré lavado
te lavarás	*te* habrás lavado
se lavará	*se* habrá lavado
nos lavaremos	*nos* habremos lavado
os lavaréis	*os* habréis lavado
se lavarán	*se* habrán lavado

Condicional	Condicional comp.
me lavaría	*me* habría lavado
te lavarías	*te* habrías lavado
se lavaría	*se* habría lavado
nos lavaríamos	*nos* habríamos lavado
os lavaríais	*os* habríais lavado
se lavarían	*se* habrían lavado

Subjuntivo

Presente	Imperfecto
me lave	*me* lavara / lavase
te laves	*te* lavaras / lavases
se lave	*se* lavara / lavase
nos lavemos	*nos* laváramos / lavásemos
os lavéis	*os* lavarais / lavaseis
se laven	*se* lavaran / lavasen

Perfecto	Pluscuamperfecto
me haya lavado	*me* hubiera / hubiese lavado
te hayas lavado	*te* hubieras / -ieses lavado
se haya lavado	*se* hubiera / -iese lavado
nos hayamos lavado	*nos* hubiéramos / -iésemos lavado
os hayáis lavado	*os* hubierais / -ieseis lavado
se hayan lavado	*se* hubieran / -iesen lavado

Imperativo

	afirmativo	negativo
(tú)	láva*te*	no *te* laves
(usted)	láve*se*	no *se* lave
(nosotros)	lavémo*nos*	no *nos* lavemos
(vosotros)	lava*os*	no *os* lavéis
(ustedes)	láven*se*	no *se* laven

Infinitivo

simple	compuesto
lavarse	haberse lavado

Gerundio

simple	compuesto
lavándose	habiéndose lavado

Participio

—

lavarse

sich waschen

Beispiele und Wendungen

¡Lávate las manos antes de comer!
Wasch dir vor dem Essen die Hände!

Con este champú puedes lavarte la cabeza a diario.
Mit diesem Shampoo kann man sich die Haare täglich waschen.

lavar la cabeza a alguien	*jdm. die Haare waschen*
lavarse los dientes	*sich die Zähne putzen*

Weitere Verben

acordarse - acostarse - despertarse - divertirse - ducharse - irse - levantarse - peinarse

acordarse de algo	*sich an etwas erinnern*
acostarse temprano	*früh zu Bett gehen*
¡Que te diviertas!	*Viel Spaß!*

Besonderheiten

Abgesehen von ihren Pronomen verhalten sich die reflexiven Verben genauso wie die übrigen Verben. Sie gehören daher zu einer der drei Gruppen (-ar, -er, -ir), einige verändern auch den Stammvokal, z. B. acordarse, divertirse.

Das Reflexivpronomen steht vor der konjugierten Verbform (außer Imperativ) und hinter der Verneinung:

¿No **te** has duchado todavía?
Hast du noch nicht geduscht?

Viele spanische reflexive Verben sind im Deutschen nicht reflexiv, z. B.:
llamarse *heißen*, ducharse *duschen*, levantarse *aufstehen*, bañarse *baden*, casarse *heiraten*...

ser amado

geliebt werden

Indicativo

Presente	Pretérito perfecto
soy amado	he sido amado
eres amado	has sido amado
es amado	ha sido amado
somos amados	hemos sido amados
sois amados	habéis sido amados
son amados	han sido amados

Imperfecto	Pluscuamperfecto
era amado	había sido amado
eras amado	habías sido amado
era amado	había sido amado
éramos amados	habíamos sido amados
erais amados	habíais sido amados
eran amados	habían sido amados

Indefinido	Pretérito anterior
fui amado	hube sido amado
fuiste amado	hubiste sido amado
fue amado	hubo sido amado
fuimos amados	hubimos sido amados
fuisteis amados	hubisteis sido amados
fueron amados	hubieron sido amados

Futuro imp.	Futuro perfecto
seré amado	habré sido amado
serás amado	habrás sido amado
será amado	habrá sido amado
seremos amados	habremos sido amados
seréis amados	habréis sido amados
serán amados	habrán sido amados

Condicional	Condicional comp.
sería amado	habría sido amado
serías amado	habrías sido amado
sería amado	habría sido amado
seríamos amados	habríamos sido amados
seríais amados	habríais sido amados
serían amados	habrían sido amados

Subjuntivo

Presente	Imperfecto
sea amado	fuera/fuese amado
seas amado	fueras/fueses amado
sea amado	fuera/fuese amado
seamos amados	fuéramos/fuésemos amados
seáis amados	fuerais/fueseis amados
sean amados	fueran/fuesen amados

Perfecto	Pluscuamperfecto
haya sido amado	hubiera/hubiese sido amado
hayas sido amado	hubieras/-ieses sido amado
haya sido amado	hubiera/-iese sido amado
hayamos sido amados	hubiéramos/-iésemos sido amados
hayáis sido amados	hubierais/-ieseis sido amados
hayan sido amados	hubieran/-iesen sido amados

Imperativo

	afirmativo	negativo
(tú)	sé amado	no seas amado
(usted)	sea amado	no sea amado
(nosotros)	seamos amados	no seamos amados
(vosotros)	sed amados	no seáis amados
(ustedes)	sean amados	no sean amados

Infinitivo

simple	compuesto
ser amado	haber sido amado

Gerundio

simple	compuesto
siendo amado	habiendo sido amado

Participio

sido amado

Beispiele und Wendungen

La actriz era amada por los espectadores.
Die Schauspielerin wurde von den Zuschauern geliebt.

Se dio cuenta de que nunca había sido amada por su marido.
Sie merkte, dass sie nie von ihrem Mann geliebt worden war.

Besonderheiten

Bei der Bildung des Passivs ist Folgendes zu beachten:

- Das Passiv wird mit dem Hilfsverb ser + Partizip Perfekt (Participio) gebildet.
- Nur transitive Verben, d. h. Verben, die ein direktes Objekt haben, können im Passiv verwendet werden.
- Das Partizip richtet sich in Geschlecht und Zahl nach dem Subjekt des Satzes:

  La ciudad fue fundada por los romanos.
  Die Stadt wurde von den Römern gegründet.

  Los participantes fueron recibidos por el ministro.
  Die Teilnehmer wurden vom Minister in Empfang genommen.

Tipp

Das Passiv wird im Spanischen vor allem in der geschriebenen und gehobenen Sprache verwendet, häufig auch in journalistischen Texten, im Allgemeinen jedoch seltener als im Deutschen. Im alltäglichen Sprachgebrauch hört man dagegen häufig die folgenden Alternativen zum Passiv:

La ciudad se fundó en 1356.
Die Stadt wurde 1356 gegründet.

En esa empresa pagan muy bien.
Bei dieser Firma wird man gut bezahlt.

9 actuar

handeln

-u- → -ú-

Indicativo

Presente	Pretérito perfecto
actúo	he actuado
actúas	has actuado
actúa	ha actuado
actuamos	hemos actuado
actuáis	habéis actuado
actúan	han actuado

Imperfecto	Pluscuamperfecto
actuaba	había actuado
actuabas	habías actuado
actuaba	había actuado
actuábamos	habíamos actuado
actuabais	habíais actuado
actuaban	habían actuado

Indefinido	Pretérito anterior
actué	hube actuado
actuaste	hubiste actuado
actuó	hubo actuado
actuamos	hubimos actuado
actuasteis	hubisteis actuado
actuaron	hubieron actuado

Futuro imp.	Futuro perfecto
actuaré	habré actuado
actuarás	habrás actuado
actuará	habrá actuado
actuaremos	habremos actuado
actuaréis	habréis actuado
actuarán	habrán actuado

Condicional	Condicional comp.
actuaría	habría actuado
actuarías	habrías actuado
actuaría	habría actuado
actuaríamos	habríamos actuado
actuaríais	habríais actuado
actuarían	habrían actuado

Subjuntivo

Presente	Imperfecto
actúe	actuara / actuase
actúes	actuaras / actuases
actúe	actuara / actuase
actuemos	actuáramos / actuásemos
actuéis	actuarais / actuaseis
actúen	actuaran / actuasen

Perfecto	Pluscuamperfecto
haya actuado	hubiera / hubiese actuado
hayas actuado	hubieras / -ieses actuado
haya actuado	hubiera / -iese actuado
hayamos actuado	hubiéramos / -iésemos actuado
hayáis actuado	hubierais / -ieseis actuado
hayan actuado	hubieran / -iesen actuado

Imperativo

	afirmativo	negativo
(tú)	actúa	no actúes
(usted)	actúe	no actúe
(nosotros)	actuemos	no actuemos
(vosotros)	actuad	no actuéis
(ustedes)	actúen	no actúen

Infinitivo

simple	compuesto
actuar	haber actuado

Gerundio

simple	compuesto
actuando	habiendo actuado

Participio

actuado

actuar

handeln

Beispiele und Wendungen

Antonio Banderas actúa en esa película.
Antonio Banderas spielt in diesem Film mit.

Esta medicina actúa como somnífero.
Dieses Medikament wirkt als Schlafmittel.

actuar en directo	*live auftreten*
actuar por cuenta propia	*selbstständig sein*

Weitere Verben

acentuar - atenuar - conceptuar - consensuar - continuar - desvirtuar - devaluar - evaluar - habituar(se) - insinuar - perpetuar - puntuar - situar

¿Dónde se acentúa?	*Wo muss ein Akzent gesetzt werden?*
continuar haciendo algo	*etwas weitermachen*
evaluar los gastos	*die Kosten abschätzen*
habituarse a algo	*sich an etwas gewöhnen*

Besonderheiten

Die Verben dieser Gruppe sind zwar regelmäßig, weisen aber eine orthographische Veränderung auf, damit die Aussprache der Grundform beibehalten werden kann. In diesen Fällen trägt das -u- einen Akzent (-ú-), um zwei verschiedene Silben zu markieren (u - o), die getrennt ausgesprochen werden: act**ú-**o, act**ú-**an...

Tipp

Lesen Sie die Formen der Konjugation laut vor und lernen Sie gleichzeitig die Schreibweise. Eine Silbe, die einen Akzent trägt, wird immer betont. Vergleichen Sie act**ú**o und actu**ó**.

10 adquirir

erwerben

-i- → -ie-

Indicativo

Presente	Pretérito perfecto
adquiero	he adquirido
adquieres	has adquirido
adquiere	ha adquirido
adquirimos	hemos adquirido
adquirís	habéis adquirido
adquieren	han adquirido

Imperfecto	Pluscuamperfecto
adquiría	había adquirido
adquirías	habías adquirido
adquiría	había adquirido
adquiríamos	habíamos adquirido
adquiríais	habíais adquirido
adquirían	habían adquirido

Indefinido	Pretérito anterior
adquirí	hube adquirido
adquiriste	hubiste adquirido
adquirió	hubo adquirido
adquirimos	hubimos adquirido
adquiristeis	hubisteis adquirido
adquirieron	hubieron adquirido

Futuro imp.	Futuro perfecto
adquiriré	habré adquirido
adquirirás	habrás adquirido
adquirirá	habrá adquirido
adquiriremos	habremos adquirido
adquiriréis	habréis adquirido
adquirirán	habrán adquirido

Condicional	Condicional comp.
adquiriría	habría adquirido
adquirirías	habrías adquirido
adquiriría	habría adquirido
adquiriríamos	habríamos adquirido
adquiriríais	habríais adquirido
adquirirían	habrían adquirido

Subjuntivo

Presente	Imperfecto
adquiera	adquiriera / adquiriese
adquieras	adquirieras / adquirieses
adquiera	adquiriera / adquiriese
adquiramos	adquiriéramos / adquiriésemos
adquiráis	adquirierais / adquirieseis
adquieran	adquirieran / adquiriesen

Perfecto	Pluscuamperfecto
haya adquirido	hubiera / hubiese adquirido
hayas adquirido	hubieras / -ieses adquirido
haya adquirido	hubiera / -iese adquirido
hayamos adquirido	hubiéramos / -iésemos adquirido
hayáis adquirido	hubierais / -ieseis adquirido
hayan adquirido	hubieran / -iesen adquirido

Imperativo

	afirmativo	negativo
(tú)	adquiere	no adquieras
(usted)	adquiera	no adquiera
(nosotros)	adquiramos	no adquiramos
(vosotros)	adquirid	no adquiráis
(ustedes)	adquieran	no adquieran

Infinitivo

simple	compuesto
adquirir	haber adquirido

Gerundio

simple	compuesto
adquiriendo	habiendo adquirido

Participio

adquirido

Beispiele und Wendungen

Deseo adquirir una vivienda en Madrid.
Ich möchte eine Wohnung in Madrid kaufen.

La empresa ha adquirido un terreno para construir una fábrica.
Die Firma hat ein Grundstück erworben, um eine Fabrik zu bauen.

adquirir un objeto	*einen Gegenstand erwerben*
adquirir un hábito	*eine Gewohnheit annehmen*
adquirir experiencia	*Erfahrung(en) sammeln*

Weitere Verben

inquirir

inquirir las causas de algo	*nach den Gründen für etwas forschen*
inquirir de alguien algo	*sich bei jdm. nach einer Sache erkundigen*

Besonderheiten

Bei diesen Verben wird das -i- in den stammbetonten Formen durch den Diphthong -ie- ersetzt. Die Endungen sind jedoch die gleichen wie bei den regelmäßigen Verben:

Esa empresa adquiere terrenos en todo el país.
Diese Firma erwirbt im ganzen Land Grundstücke.

Tipp

Die Formen der 1. und 2. Person Plural (nosotros, vosotros) sind bei diesen Verben immer regelmäßig, d. h. der Stammvokal verändert sich nicht.

agradecer

danken

-c- → -zc- (vor -a und -o)

Indicativo

Presente	Pretérito perfecto
agradezco	he agradecido
agradeces	has agradecido
agradece	ha agradecido
agradecemos	hemos agradecido
agradecéis	habéis agradecido
agradecen	han agradecido

Imperfecto	Pluscuamperfecto
agradecía	había agradecido
agradecías	habías agradecido
agradecía	había agradecido
agradecíamos	habíamos agradecido
agradecíais	habíais agradecido
agradecían	habían agradecido

Indefinido	Pretérito anterior
agradecí	hube agradecido
agradeciste	hubiste agradecido
agradeció	hubo agradecido
agradecimos	hubimos agradecido
agradecisteis	hubisteis agradecido
agradecieron	hubieron agradecido

Futuro imp.	Futuro perfecto
agradeceré	habré agradecido
agradecerás	habrás agradecido
agradecerá	habrá agradecido
agradeceremos	habremos agradecido
agradeceréis	habréis agradecido
agradecerán	habrán agradecido

Condicional	Condicional comp.
agradecería	habría agradecido
agradecerías	habrías agradecido
agradecería	habría agradecido
agradeceríamos	habríamos agradecido
agradeceríais	habríais agradecido
agradecerían	habrían agradecido

Subjuntivo

Presente	Imperfecto
agradezca	agradeciera / agradeciese
agradezcas	agradecieras / agradecieses
agradezca	agradeciera / agradeciese
agradezcamos	agradeciéramos / agradeciésemos
agradezcáis	agradecierais / agradecieseis
agradezcan	agradecieran / agradeciesen

Perfecto	Pluscuamperfecto
haya agradecido	hubiera / hubiese agradecido
hayas agradecido	hubieras / -ieses agradecido
haya agradecido	hubiera / -iese agradecido
hayamos agradecido	hubiéramos / -iésemos agradecido
hayáis agradecido	hubierais / -ieseis agradecido
hayan agradecido	hubieran / -iesen agradecido

Imperativo

	afirmativo	negativo
(tú)	agradece	no agradezcas
(usted)	agradezca	no agradezca
(nosotros)	agradezcamos	no agradezcamos
(vosotros)	agradeced	no agradezcáis
(ustedes)	agradezcan	no agradezcan

Infinitivo

simple	compuesto
agradecer	haber agradecido

Gerundio

simple	compuesto
agradeciendo	habiendo agradecido

Participio

agradecido

agradecer

danken

Beispiele und Wendungen

Le agradezco su atención.
Ich danke Ihnen für Ihre Aufmerksamkeit.

El vecino me agradeció que le hubiera recogido el paquete.
Der Nachbar bedankte sich, dass ich sein Paket entgegengenommen hatte.

agradecer algo a alguien	*jdm. für etw. danken*
Le agradecería mucho si...	*Ich wäre Ihnen sehr dankbar, wenn ...*

Weitere Verben

amanecer - apetecer - crecer - desaparecer - enrojecer - establecer(se) - favorecer - obedecer - ofrecer - padecer - parecer(se) - pertenecer

¿Te apetece venir?	*Hast du Lust zu kommen?*
Enrojeció de vergüenza.	*Er wurde rot vor Scham.*
obedecer una orden	*einem Befehl Folge leisten*
padecer una enfermedad	*an einer Krankheit leiden*
Se parece a su hermano.	*Er sieht seinem Bruder ähnlich.*

Besonderheiten

Bei diesen Verben wird das -c- im Stamm vor den Vokalen -a und -o zu -zc-:

No creo que a tu madre le apetezca venir.
Ich glaube nicht, dass deine Mutter Lust hat zu kommen.

Tipp

Die Verben dieser Gruppe auf -ecer werden genauso konjugiert wie die Verben auf -acer (z. B. nacer, Nr. 41) und -ocer (z. B. conocer, Nr. 23).

almorzar

-o- → -ue- / -z- → -c- (vor -e)

zu Mittag essen, frühstücken

Indicativo

Presente	Pretérito perfecto
almuerzo	he almorzado
almuerzas	has almorzado
almuerza	ha almorzado
almorzamos	hemos almorzado
almorzáis	habéis almorzado
almuerzan	han almorzado

Imperfecto	Pluscuamperfecto
almorzaba	había almorzado
almorzabas	habías almorzado
almorzaba	había almorzado
almorzábamos	habíamos almorzado
almorzabais	habíais almorzado
almorzaban	habían almorzado

Indefinido	Pretérito anterior
almorcé	hube almorzado
almorzaste	hubiste almorzado
almorzó	hubo almorzado
almorzamos	hubimos almorzado
almorzasteis	hubisteis almorzado
almorzaron	hubieron almorzado

Futuro imp.	Futuro perfecto
almorzaré	habré almorzado
almorzarás	habrás almorzado
almorzará	habrá almorzado
almorzaremos	habremos almorzado
almorzaréis	habréis almorzado
almorzarán	habrán almorzado

Condicional	Condicional comp.
almorzaría	habría almorzado
almorzarías	habrías almorzado
almorzaría	habría almorzado
almorzaríamos	habríamos almorzado
almorzaríais	habríais almorzado
almorzarían	habrían almorzado

Subjuntivo

Presente	Imperfecto
almuerce	almorzara / almorzase
almuerces	almorzaras / almorzases
almuerce	almorzara / almorzase
almorcemos	almorzáramos / almorzásemos
almorcéis	almorzarais / almorzaseis
almuercen	almorzaran / almorzasen

Perfecto	Pluscuamperfecto
haya almorzado	hubiera / hubiese almorzado
hayas almorzado	hubieras / -ieses almorzado
haya almorzado	hubiera / -iese almorzado
hayamos almorzado	hubiéramos / -iésemos almorzado
hayáis almorzado	hubierais / -ieseis almorzado
hayan almorzado	hubieran / -iesen almorzado

Imperativo

	afirmativo	negativo
(tú)	almuerza	no almuerces
(usted)	almuerce	no almuerce
(nosotros)	almorcemos	no almorcemos
(vosotros)	almorzad	no almorcéis
(ustedes)	almuercen	no almuercen

Infinitivo

simple	compuesto
almorzar	haber almorzado

Gerundio

simple	compuesto
almorzando	habiendo almorzado

Participio

almorzado

almorzar

zu Mittag essen, frühstücken

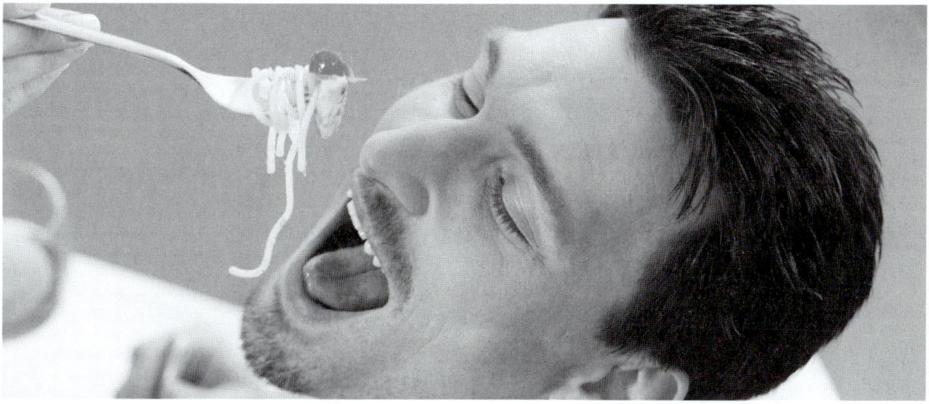

Beispiele und Wendungen

Cuando tengo mucho trabajo no almuerzo.
Wenn ich viel zu tun habe, esse ich nicht zu Mittag.

Después de la reunión, almorzaron en el hotel.
Nach der Besprechung aßen sie im Hotel zu Mittag.

almorzar pescado	*Fisch zu Mittag essen*
almorzar a las tres	*um drei Uhr zu Mittag essen*

Weitere Verben

esforzar(se) - forzar - reforzar

esforzarse por / para hacer algo	*sich bemühen, etwas zu tun*
esforzar la vista	*die Augen überanstrengen*
forzar una puerta	*eine Tür aufbrechen*
forzar a alguien a algo	*jdn. zu etwas zwingen*
reforzar el equipo de fútbol	*das Fußballteam verstärken*

Besonderheiten

Bei diesen Verben wird das -o- in den stammbetonten Formen durch den Diphthong -ue- ersetzt. Die Endungen sind jedoch die gleichen wie bei den regelmäßigen Verben:

Se esfuerza por ayudar.
Er gibt sich Mühe zu helfen.

Außerdem wird das -z- im Stamm vor -e zu -c-:

Ayer almorcé en casa de mi madre.
Gestern habe ich bei meiner Mutter zu Mittag gegessen.

andar

gehen, laufen

Indicativo

Presente	Pretérito perfecto
ando	he andado
andas	has andado
anda	ha andado
andamos	hemos andado
andáis	habéis andado
andan	han andado

Imperfecto	Pluscuamperfecto
andaba	había andado
andabas	habías andado
andaba	había andado
andábamos	habíamos andado
andabais	habíais andado
andaban	habían andado

Indefinido	Pretérito anterior
anduve	hube andado
anduviste	hubiste andado
anduvo	hubo andado
anduvimos	hubimos andado
anduvisteis	hubisteis andado
anduvieron	hubieron andado

Futuro imp.	Futuro perfecto
andaré	habré andado
andarás	habrás andado
andará	habrá andado
andaremos	habremos andado
andaréis	habréis andado
andarán	habrán andado

Condicional	Condicional comp.
andaría	habría andado
andarías	habrías andado
andaría	habría andado
andaríamos	habríamos andado
andaríais	habríais andado
andarían	habrían andado

Subjuntivo

Presente	Imperfecto
ande	anduviera / anduviese
andes	anduvieras / anduvieses
ande	anduviera / anduviese
andemos	anduviéramos / anduviésemos
andéis	anduvierais / anduvieseis
anden	anduvieran / anduviesen

Perfecto	Pluscuamperfecto
haya andado	hubiera / hubiese andado
hayas andado	hubieras / -ieses andado
haya andado	hubiera / -iese andado
hayamos andado	hubiéramos / -iésemos andado
hayáis andado	hubierais / -ieseis andado
hayan andado	hubieran / -iesen andado

Imperativo

	afirmativo	negativo
(tú)	anda	no andes
(usted)	ande	no ande
(nosotros)	andemos	no andemos
(vosotros)	andad	no andéis
(ustedes)	anden	no anden

Infinitivo

simple	compuesto
andar	haber andado

Gerundio

simple	compuesto
andando	habiendo andado

Participio

andado

Beispiele und Wendungen

Mi hijo ya sabe andar.
Mein Sohn kann schon laufen.

Desde la parada de metro hay 5 minutos andando.
Von der U-Bahn-Haltestelle aus sind es 5 Minuten zu Fuß.

El coche no anda.
Das Auto fährt nicht.

andar a gatas	*auf allen Vieren gehen*
andar haciendo algo	*gerade dabei sein, etwas zu tun*
Andará por los cincuenta.	*Sie ist so um die 50 (Jahre alt).*
¡Anda!	*Das gibt's doch gar nicht!*

Weitere Verben

desandar

desandar lo andado	*wieder von vorne beginnen*

Besonderheiten

Bei diesen beiden Verben sind Indefinido und Imperfecto de subjuntivo sehr unregelmäßig, da sie die ursprüngliche lateinische Form direkt übernommen haben:

Anduvimos más de media hora antes de encontrar el hotel.
Wir sind länger als eine halbe Stunde gegangen, bis wir das Hotel gefunden haben.

In der Umgangsprache hört man allerdings immer häufiger auch regelmäßige Formen dieser Zeiten (beispielsweise „andé" statt anduve); diese sind jedoch nicht korrekt und sollten vermieden werden.

14 argüir

-u- → -uy- / -ü- → -u-

argumentieren, anführen

Indicativo

Presente	Pretérito perfecto
arguyo	he argüido
arguyes	has argüido
arguye	ha argüido
argüimos	hemos argüido
argüís	habéis argüido
arguyen	han argüido

Imperfecto	Pluscuamperfecto
argüía	había argüido
argüías	habías argüido
argüía	había argüido
argüíamos	habíamos argüido
argüíais	habíais argüido
argüían	habían argüido

Indefinido	Pretérito anterior
argüí	hube argüido
argüiste	hubiste argüido
arguyó	hubo argüido
argüimos	hubimos argüido
argüisteis	hubisteis argüido
arguyeron	hubieron argüido

Futuro imp.	Futuro perfecto
argüiré	habré argüido
argüirás	habrás argüido
argüirá	habrá argüido
argüiremos	habremos argüido
argüiréis	habréis argüido
argüirán	habrán argüido

Condicional	Condicional comp.
argüiría	habría argüido
argüirías	habrías argüido
argüiría	habría argüido
argüiríamos	habríamos argüido
argüiríais	habríais argüido
argüirían	habrían argüido

Subjuntivo

Presente	Imperfecto
arguya	arguyera / arguyese
arguyas	arguyeras / arguyeses
arguya	arguyera / arguyese
arguyamos	arguyéramos / arguyésemos
arguyáis	arguyerais / arguyeseis
arguyan	arguyeran / arguyesen

Perfecto	Pluscuamperfecto
haya argüido	hubiera / hubiese argüido
hayas argüido	hubieras / -ieses argüido
haya argüido	hubiera / -iese argüido
hayamos argüido	hubiéramos / -iésemos argüido
hayáis argüido	hubierais / -ieseis argüido
hayan argüido	hubieran / -iesen argüido

Imperativo

	afirmativo	negativo
(tú)	arguye	no arguyas
(usted)	arguya	no arguya
(nosotros)	arguyamos	no arguyamos
(vosotros)	argüid	no arguyáis
(ustedes)	arguyan	no arguyan

Infinitivo

simple	compuesto
argüir	haber argüido

Gerundio

simple	compuesto
arguyendo	habiendo argüido

Participio

argüido

argüir

argumentieren, anführen

Beispiele und Wendungen

De estas pruebas se puede argüir que él es el asesino.
Aus diesen Beweisen kann man schließen, dass er der Mörder ist.

El ministro arguye que estas medidas son las correctas.
Der Minister führt an, dass diese Maßnahmen die richtigen sind.

argüir en contra de algo	*gegen etwas argumentieren*
argüir como excusa	*als Entschuldigung anführen*

Besonderheiten

Das sehr selten benutzte Verb argüir wird genau wie construir (Nr. 24) konjugiert, d. h. das -i- im Stamm wird aus orthographischen Gründen zu -y-.

Abweichend von der Konjugation Nr. 24 verhält sich lediglich das -u- im Stamm von argüir: vor -i behält es das Trema (arg**ü**imos), vor Konsonant verliert es jedoch das Trema (arg**u**ye).

Se puede argüir que los resultados son insuficientes.
Man kann argumentieren, dass die Ergebnisse ungenügend sind.

Los trabajadores arguyeron que estaban muy cansados.
Die Arbeiter führten an, dass sie sehr müde waren.

Tipp

Der Vokal -u- in der Kombination -gui- ist hier stimmhaft und wird daher ausgesprochen. Um dies zu verdeutlichen, wird der Buchstabe -u- mit einem Trema (diéresis) versehen. Die beiden Punkte auf dem Vokal -u- dürfen nicht mit dem deutschen Umlaut -ü- verwechselt werden.

Erstellen Sie eine Liste mit Wörtern, die mit einem Trema geschrieben werden und lesen Sie sie laut, z. B. pingüino, cigüeña.

15 atacar

angreifen

-c- → -qu- (vor -e)

Indicativo

Presente	Pretérito Perfecto
ataco	he atacado
atacas	has atacado
ataca	ha atacado
atacamos	hemos atacado
atacáis	habéis atacado
atacan	han atacado

Imperfecto	Pluscuamperfecto
atacaba	había atacado
atacabas	habías atacado
atacaba	había atacado
atacábamos	habíamos atacado
atacabais	habíais atacado
atacaban	habían atacado

Indefinido	Pretérito anterior
ataqué	hube atacado
atacaste	hubiste atacado
atacó	hubo atacado
atacamos	hubimos atacado
atacasteis	hubisteis atacado
atacaron	hubieron atacado

Futuro imp.	Futuro perfecto
atacaré	habré atacado
atacarás	habrás atacado
atacará	habrá atacado
atacaremos	habremos atacado
atacaréis	habréis atacado
atacarán	habrán atacado

Condicional	Condicional comp.
atacaría	habría atacado
atacarías	habrías atacado
atacaría	habría atacado
atacaríamos	habríamos atacado
atacaríais	habríais atacado
atacarían	habrían atacado

Subjuntivo

Presente	Imperfecto
ataque	atacara / atacase
ataques	atacaras / atacases
ataque	atacara / atacase
ataquemos	atacáramos / atacásemos
ataquéis	atacarais / atacaseis
ataquen	atacaran / atacasen

Perfecto	Pluscuamperfecto
haya atacado	hubiera / hubiese atacado
hayas atacado	hubieras / -ieses atacado
haya atacado	hubiera / -iese atacado
hayamos atacado	hubiéramos / -iésemos atacado
hayáis atacado	hubierais / -ieseis atacado
hayan atacado	hubieran / -iesen atacado

Imperativo

	afirmativo	negativo
(tú)	ataca	no ataques
(usted)	ataque	no ataque
(nosotros)	ataquemos	no ataquemos
(vosotros)	atacad	no ataquéis
(ustedes)	ataquen	no ataquen

Infinitivo

simple	compuesto
atacar	haber atacado

Gerundio

simple	compuesto
atacando	habiendo atacado

Participio

atacado

atacar

angreifen

Beispiele und Wendungen

El periodista ataca al gobierno.
Der Journalist greift die Regierung an.

Los soldados atacaron al enemigo por la noche.
Die Soldaten griffen den Feind in der Nacht an.

atacar por la espalda	*hinterrücks angreifen*
atacar un tema	*ein Thema in Angriff nehmen*

Weitere Verben

aparcar - acercarse - arrancar - certificar - comunicar - criticar - dedicar - educar - equivocarse - explicar - fabricar - indicar - medicar - pescar - picar - practicar - sacar - secar - tocar

El coche no arranca.	*Das Auto springt nicht an.*
equivocarse de camino	*sich verlaufen*
me pica	*es juckt (mich)*
practicar deporte	*Sport treiben*
tocar el piano	*Klavier spielen*

Besonderheiten

Bei allen diesen Verben wird das -c- im Stamm vor dem Vokal -e zu -qu-. Es handelt sich hier um keine Unregelmäßigkeit, sondern um eine orthographische Anpassung, damit sich die Aussprache des Verbstamms nicht durch wechselnde Endungen verändert:

Quiero que me expliquen esos verbos.
Ich möchte, dass man mir diese Verben erklärt.

avergonzar

beschämen

-go- → -güe- / -z- → -c- (vor -e)

Indicativo

Presente	Pretérito perfecto
avergüenzo	he avergonzado
avergüenzas	has avergonzado
avergüenza	ha avergonzado
avergonzamos	hemos avergonzado
avergonzáis	habéis avergonzado
avergüenzan	han avergonzado

Imperfecto	Pluscuamperfecto
avergonzaba	había avergonzado
avergonzabas	habías avergonzado
avergonzaba	había avergonzado
avergonzábamos	habíamos avergonzado
avergonzabais	habíais avergonzado
avergonzaban	habían avergonzado

Indefinido	Pretérito anterior
avergoncé	hube avergonzado
avergonzaste	hubiste avergonzado
avergonzó	hubo avergonzado
avergonzamos	hubimos avergonzado
avergonzasteis	hubisteis avergonzado
avergonzaron	hubieron avergonzado

Futuro imp.	Futuro perfecto
avergonzaré	habré avergonzado
avergonzarás	habrás avergonzado
avergonzará	habrá avergonzado
avergonzaremos	habremos avergonzado
avergonzaréis	habréis avergonzado
avergonzarán	habrán avergonzado

Condicional	Condicional comp.
avergonzaría	habría avergonzado
avergonzarías	habrías avergonzado
avergonzaría	habría avergonzado
avergonzaríamos	habríamos avergonzado
avergonzaríais	habríais avergonzado
avergonzarían	habrían avergonzado

Subjuntivo

Presente	Imperfecto
avergüence	avergonzara / avergonzase
avergüences	avergonzaras / avergonzases
avergüence	avergonzara / avergonzase
avergoncemos	avergonzáramos / avergonzásemos
avergoncéis	avergonzarais / avergonzaseis
avergüencen	avergonzaran / avergonzasen

Perfecto	Pluscuamperfecto
haya avergonzado	hubiera/ hubiese avergonzado
hayas avergonzado	hubieras / -ieses avergonzado
haya avergonzado	hubiera / -iese avergonzado
hayamos avergonzado	hubiéramos / -iésemos avergonzado
hayáis avergonzado	hubierais / -ieseis avergonzado
hayan avergonzado	hubieran / -iesen avergonzado

Imperativo

	afirmativo	negativo
(tú)	avergüenza	no avergüences
(usted)	avergüence	no avergüence
(nosotros)	avergoncemos	no avergoncemos
(vosotros)	avergonzad	no avergoncéis
(ustedes)	avergüencen	no avergüencen

Infinitivo

simple	compuesto
avergonzar	haber avergonzado

Gerundio

simple	compuesto
avergonzando	habiendo avergonzado

Participio

avergonzado

Beispiele und Wendungen

Tu conducta me avergüenza.
Dein Verhalten beschämt mich.

Él se avergonzaba de su origen humilde.
Er schämte sich, weil er aus bescheidenen Verhältnissen stammte.

avergonzar a alguien	*jdn. beschämen*
avergonzarse de algo	*sich wegen / für etwas schämen*

Besonderheiten

Das Verb avergonzar wird wie contar (Nr. 25) konjugiert, d. h. das -o- wird in den stamm-betonten Formen durch den Diphthong -ue- ersetzt.
Allerdings erhält der Vokal -u- hier in der Kombination -gue- ein Trema (-ü-), um deutlich zu machen, dass er ausgesprochen wird: averg**üe**nza…

Achtung! Die beiden Punkte auf dem -u- dürfen nicht mit dem deutschen Umlaut -ü- verwechselt werden!

Zusätzlich kommt es zu einer zweiten orthographischen Anpassung, denn das -z- im Stamm wird vor dem Vokal -e zu -c-:

Quiero que se avergüence por haber hecho algo así.
Ich möchte, dass er sich schämt, weil er etwas Derartiges getan hat.

Tipp

Die zweite orthographische Anpassung, also den Wechsel von -z- zu -c-, finden Sie auch bei den Verben der Gruppe cruzar (Nr. 26). Wenn Sie also schon ein Verb aus dieser Gruppe kennen, brauchen Sie daher bei avergonzar lediglich auf das Trema aufzupassen.

Lernen Sie gleichzeitig das Substantiv vergüenza *Scham* und achten Sie sowohl auf dessen Aussprache als auch auf die Schreibweise!

averiguar

-gu- → -gü- (vor -e)

ermitteln, erforschen

Indicativo

Presente	Pretérito perfecto
averiguo	he averiguado
averiguas	has averiguado
averigua	ha averiguado
averiguamos	hemos averiguado
averiguáis	habéis averiguado
averiguan	han averiguado

Imperfecto	Pluscuamperfecto
averiguaba	había averiguado
averiguabas	habías averiguado
averiguaba	había averiguado
averiguábamos	habíamos averiguado
averiguabais	habíais averiguado
averiguaban	habían averiguado

Indefinido	Pretérito anterior
averigüé	hube averiguado
averiguaste	hubiste averiguado
averiguó	hubo averiguado
averiguamos	hubimos averiguado
averiguasteis	hubisteis averiguado
averiguaron	hubieron averiguado

Futuro imp.	Futuro perfecto
averiguaré	habré averiguado
averiguarás	habrás averiguado
averiguará	habrá averiguado
averiguaremos	habremos averiguado
averiguaréis	habréis averiguado
averiguarán	habrán averiguado

Condicional	Condicional comp.
averiguaría	habría averiguado
averiguarías	habrías averiguado
averiguaría	habría averiguado
averiguaríamos	habríamos averiguado
averiguaríais	habríais averiguado
averiguarían	habrían averiguado

Subjuntivo

Presente	Imperfecto
averigüe	averiguara / averiguase
averigües	averiguaras / averiguases
averigüe	averiguara / averiguase
averigüemos	averiguáramos / averiguásemos
averigüéis	averiguarais / averiguaseis
averigüen	averiguaran / averiguasen

Perfecto	Pluscuamperfecto
haya averiguado	hubiera / hubiese averiguado
hayas averiguado	hubieras / -ieses averiguado
haya averiguado	hubiera / -iese averiguado
hayamos averiguado	hubiéramos / -iésemos averiguado
hayáis averiguado	hubierais / -ieseis averiguado
hayan averiguado	hubieran / -iesen averiguado

Imperativo

	afirmativo	negativo
(tú)	averigua	no averigües
(usted)	averigüe	no averigüe
(nosotros)	averigüemos	no averigüemos
(vosotros)	averiguad	no averigüéis
(ustedes)	averigüen	no averigüen

Infinitivo

simple	compuesto
averiguar	haber averiguado

Gerundio

simple	compuesto
averiguando	habiendo averiguado

Participio

averiguado

averiguar

ermitteln, erforschen

Beispiele und Wendungen

El comisario averiguó qué había hecho el sospechoso.
Der Kommissar ermittelte, was der Verdächtige getan hatte.

Los céntificos quieren averiguar cómo se comporta el virus.
Die Forscher wollen ergründen, wie sich das Virus verhält.

averiguar el paradero de alguien	*jds. Aufenthaltsort ausfindig machen*
averiguar los planes de alguien	*sich nach jds. Plänen erkundigen*

Weitere Verben

aguar - amortiguar - apaciguar - atestiguar - desaguar - fraguar - menguar - santiguarse

aguar la fiesta	*das Spiel verderben*
aguar el vino	*den Wein verwässern*
amortiguar el dolor	*den Schmerz lindern*
La idea ha fraguado.	*Die Idee hat sich durchgesetzt.*
menguar la confianza	*das Vertrauen schmälern*

Besonderheiten

Bei den Verben dieser Gruppe wird der Vokal -u- in der Kombination -gue- mit einem Trema (-ü-) versehen, um deutlich zu machen, dass er ausgesprochen werden muss:

Mi jefe quiere que averigüe de dónde es.
Mein Chef möchte, dass ich ausfindig mache, woher er kommt.

Entfiele das Trema versehentlich, käme es zu einer falschen Aussprache („averigue", also [aβe'riɣe]).

18 caber

(hinein)passen

Indicativo

Presente	Pretérito perfecto
quepo	he cabido
cabes	has cabido
cabe	ha cabido
cabemos	hemos cabido
cabéis	habéis cabido
caben	han cabido

Imperfecto	Pluscuamperfecto
cabía	había cabido
cabías	habías cabido
cabía	había cabido
cabíamos	habíamos cabido
cabíais	habíais cabido
cabían	habían cabido

Indefinido	Pretérito anterior
cupe	hube cabido
cupiste	hubiste cabido
cupo	hubo cabido
cupimos	hubimos cabido
cupisteis	hubisteis cabido
cupieron	hubieron cabido

Futuro imp.	Futuro perfecto
cabré	habré cabido
cabrás	habrás cabido
cabrá	habrá cabido
cabremos	habremos cabido
cabréis	habréis cabido
cabrán	habrán cabido

Condicional	Condicional comp.
cabría	habría cabido
cabrías	habrías cabido
cabría	habría cabido
cabríamos	habríamos cabido
cabríais	habríais cabido
cabrían	habrían cabido

Subjuntivo

Presente	Imperfecto
quepa	cupiera / cupiese
quepas	cupieras / cupieses
quepa	cupiera / cupiese
quepamos	cupiéramos / cupiésemos
quepáis	cupierais / cupieseis
quepan	cupieran / cupiesen

Perfecto	Pluscuamperfecto
haya cabido	hubiera / hubiese cabido
hayas cabido	hubieras / -ieses cabido
haya cabido	hubiera / -iese cabido
hayamos cabido	hubiéramos / -iésemos cabido
hayáis cabido	hubierais / -ieseis cabido
hayan cabido	hubieran / -iesen cabido

Imperativo

	afirmativo	negativo
(tú)	cabe	no quepas
(usted)	quepa	no quepa
(nosotros)	quepamos	no quepamos
(vosotros)	cabed	no quepáis
(ustedes)	quepan	no quepan

Infinitivo

simple	compuesto
caber	haber cabido

Gerundio

simple	compuesto
cabiendo	habiendo cabido

Participio

cabido

Beispiele und Wendungen

Esta camiseta no me cabe.
Dieses T-Shirt passt mir nicht.

El cochecito no cabe en el ascensor.
Der Kinderwagen passt nicht in den Aufzug.

No cabe más que ir a la policía y denunciarlo.
Es bleibt nichts anderes, als zur Polizei zu gehen und Anzeige zu erstatten.

No te quepa la menos duda de que vendrá.
Du kannst ganz sicher sein, dass er kommen wird.

No cabe duda de que...	*Es steht außer Zweifel, dass ...*
Cabe la posibilidad de que...	*Es besteht die Möglichkeit, dass ...*
¡No me cabe en la cabeza!	*Ich kann es nicht fassen!*
Me cabe el honor de...	*Ich habe die Ehre zu ...*

Besonderheiten

Das Verb caber ist leider sehr unregelmäßig. Es bleibt Ihnen daher nichts anderes übrig, als bestimmte Formen wie die 1. Person des Presente de indicativo, das gesamte Indefinido und das Futuro imperfecto auswendig zu lernen.

Quería enviarlo en el paquete, pero no cupo.
Ich wollte es im Paket schicken, aber es hat nicht hineingepasst.

Tipp

Vergessen Sie nicht, dass die 1. und 3. Person Singular des Presente de subjuntivo identisch ist mit der Imperativform von usted.

caer

fallen

Indicativo

Presente	Pretérito perfecto
caigo	he caído
caes	has caído
cae	ha caído
caemos	hemos caído
caéis	habéis caído
caen	han caído

Imperfecto	Pluscuamperfecto
caía	había caído
caías	habías caído
caía	había caído
caíamos	habíamos caído
caíais	habíais caído
caían	habían caído

Indefinido	Pretérito anterior
caí	hube caído
caíste	hubiste caído
cayó	hubo caído
caímos	hubimos caído
caísteis	hubisteis caído
cayeron	hubieron caído

Futuro imp.	Futuro perfecto
caeré	habré caído
caerás	habrás caído
caerá	habrá caído
caeremos	habremos caído
caeréis	habréis caído
caerán	habrán caído

Condicional	Condicional comp.
caería	habría caído
caerías	habrías caído
caería	habría caído
caeríamos	habríamos caído
caeríais	habríais caído
caerían	habrían caído

Subjuntivo

Presente	Imperfecto
caiga	cayera / cayese
caigas	cayeras / cayeses
caiga	cayera / cayese
caigamos	cayéramos / cayésemos
caigáis	cayerais / cayeseis
caigan	cayeran / cayesen

Perfecto	Pluscuamperfecto
haya caído	hubiera / hubiese caído
hayas caído	hubieras / -ieses caído
haya caído	hubiera / -iese caído
hayamos caído	hubiéramos / -iésemos caído
hayáis caído	hubierais / -ieseis caído
hayan caído	hubieran / -iesen caído

Imperativo

	afirmativo	negativo
(tú)	cae	no caigas
(usted)	caiga	no caiga
(nosotros)	caigamos	no caigamos
(vosotros)	caed	no caigáis
(ustedes)	caigan	no caigan

Infinitivo

simple	compuesto
caer	haber caído

Gerundio

simple	compuesto
cayendo	habiendo caído

Participio

caído

Beispiele und Wendungen

Se me ha caído el bolso.
Mir ist die Tasche heruntergefallen.

Esta semana ha caído nieve sin parar.
Diese Woche hat es ständig geschneit.

caer al suelo	*auf den Boden fallen*
cae la noche	*die Nacht bricht an*
Me cae bien / mal.	*Ich finde ihn sympathisch / unsympathisch.*
caerse de sueño	*todmüde sein*

Weitere Verben

decaer – recaer

decaer de ánimo	*den Mut verlieren*
recaer (en la enfermedad)	*einen Rückfall erleiden*
recaer en la droga	*rückfällig werden (und wieder Drogen nehmen)*

Besonderheiten

Das Indefinido dieser Verben scheint unregelmäßig zu sein, es handelt sich aber nur um eine orthographisch-phonetische Anpassung: Zum Stamm ca- werden die Endungen der 2. Konjugation -ió und -ieron hinzugefügt. Da es im Spanischen jedoch keine Gruppe von drei Vokalen mit einem -i- in der Mitte geben kann, wird dieses -i- immer zu -y-:

Cayeron en la cuenta de que era muy tarde.
Sie sind darauf gekommen, dass es sehr spät war.

In einigen Formen des Indefinido und beim Partizip erhält das -i- einen Akzent, um zwei verschiedene Silben zu markieren (a – i), die getrennt ausgesprochen werden: ca**í**ste, ca**í**do...

coger

-g- → -j- (vor -a und -o)

nehmen, fassen

Indicativo

Presente	Pretérito perfecto
cojo	he cogido
coges	has cogido
coge	ha cogido
cogemos	hemos cogido
cogéis	habéis cogido
cogen	han cogido

Imperfecto	Pluscuamperfecto
cogía	había cogido
cogías	habías cogido
cogía	había cogido
cogíamos	habíamos cogido
cogíais	habíais cogido
cogían	habían cogido

Indefinido	Pretérito anterior
cogí	hube cogido
cogiste	hubiste cogido
cogió	hubo cogido
cogimos	hubimos cogido
cogisteis	hubisteis cogido
cogieron	hubieron cogido

Futuro imp.	Futuro perfecto
cogeré	habré cogido
cogerás	habrás cogido
cogerá	habrá cogido
cogeremos	habremos cogido
cogeréis	habréis cogido
cogerán	habrán cogido

Condicional	Condicional comp.
cogería	habría cogido
cogerías	habrías cogido
cogería	habría cogido
cogeríamos	habríamos cogido
cogeríais	habríais cogido
cogerían	habrían cogido

Subjuntivo

Presente	Imperfecto
coja	cogiera / cogiese
cojas	cogieras / cogieses
coja	cogiera / cogiese
cojamos	cogiéramos / cogiésemos
cojáis	cogierais / cogieseis
cojan	cogieran / cogiesen

Perfecto	Pluscuamperfecto
haya cogido	hubiera / hubiese cogido
hayas cogido	hubieras / -ieses cogido
haya cogido	hubiera / -iese cogido
hayamos cogido	hubiéramos / -iésemos cogido
hayáis cogido	hubierais / -ieseis cogido
hayan cogido	hubieran / -iesen cogido

Imperativo

	afirmativo	negativo
(tú)	coge	no cojas
(usted)	coja	no coja
(nosotros)	cojamos	no cojamos
(vosotros)	coged	no cojáis
(ustedes)	cojan	no cojan

Infinitivo

simple	compuesto
coger	haber cogido

Gerundio

simple	compuesto
cogiendo	habiendo cogido

Participio

cogido

Beispiele und Wendungen

¿Quién me ha cogido el periódico?
Wer hat mir die Zeitung weggenommen?

Aunque el piso es muy caro lo van a coger.
Obwohl die Wohnung sehr teuer ist, werden sie sie nehmen.

coger en brazos	*auf den Arm nehmen*
coger al ladrón	*den Dieb fassen*
coger un resfriado	*sich erkälten*

Weitere Verben

acoger - converger - emerger - escoger - proteger - recoger - sobrecoger

escoger un regalo	*ein Geschenk aussuchen*
proteger a alguien de algo	*jdn. vor etwas schützen*

Besonderheiten

Bei diesen Verben kommt es zu einer rein orthographisch begründeten Anpassung: das -g- im Stamm wird vor -a und -o zu -j-: co**g**er → co**j**o, co**j**a...

Tipp

Vergessen Sie nicht, dass die Silben -ge- / -je- und -gi- / -ji- auf Spanisch völlig gleich ausgesprochen werden. Vor -a, -o und -u wird der Buchstabe g jedoch wie ein deutsches g ausgesprochen!

Laut	Schreibung entsprechend der Vokalkombination				
[χ]	**j**a	**j**e, **g**e	**j**i, **g**i	**j**o	**j**u
[g]	**g**a	**gu**e	**gu**i	**g**o	**g**u

conducir

führen, fahren

-c- → -zc- (vor -a und -o) / -c- → -j-

Indicativo

Presente	Pretérito perfecto
conduzco	he conducido
conduces	has conducido
conduce	ha conducido
conducimos	hemos conducido
conducís	habéis conducido
conducen	han conducido

Imperfecto	Pluscuamperfecto
conducía	había conducido
conducías	habías conducido
conducía	había conducido
conducíamos	habíamos conducido
conducíais	habíais conducido
conducían	habían conducido

Indefinido	Pretérito anterior
conduje	hube conducido
condujiste	hubiste conducido
condujo	hubo conducido
condujimos	hubimos conducido
condujisteis	hubisteis conducido
condujeron	hubieron conducido

Futuro imp.	Futuro perfecto
conduciré	habré conducido
conducirás	habrás conducido
conducirá	habrá conducido
conduciremos	habremos conducido
conduciréis	habréis conducido
conducirán	habrán conducido

Condicional	Condicional comp.
conduciría	habría conducido
conducirías	habrías conducido
conduciría	habría conducido
conduciríamos	habríamos conducido
conduciríais	habríais conducido
conducirían	habrían conducido

Subjuntivo

Presente	Imperfecto
conduzca	condujera / condujese
conduzcas	condujeras / condujeses
conduzca	condujera / condujese
conduzcamos	condujéramos / condujésemos
conduzcáis	condujerais / condujeseis
conduzcan	condujeran / condujesen

Perfecto	Pluscuamperfecto
haya conducido	hubiera / hubiese conducido
hayas conducido	hubieras / -ieses conducido
haya conducido	hubiera / -iese conducido
hayamos conducido	hubiéramos / -iésemos conducido
hayáis conducido	hubierais / -ieseis conducido
hayan conducido	hubieran / -iesen conducido

Imperativo

	afirmativo	negativo
(tú)	conduce	no conduzcas
(usted)	conduzca	no conduzca
(nosotros)	conduzcamos	no conduzcamos
(vosotros)	conducid	no conduzcáis
(ustedes)	conduzcan	no conduzcan

Infinitivo

simple	compuesto
conducir	haber conducido

Gerundio

simple	compuesto
conduciendo	habiendo conducido

Participio

conducido

Beispiele und Wendungen

Su amigo conducía un coche nuevo.
Ihr Freund fuhr ein neues Auto.

El camino nos condujo al castillo.
Der Weg führte uns zum Schloss.

conducir a la victoria	*zum Sieg führen*
conducir un vehículo	*einen Wagen fahren*

Weitere Verben

aducir - deducir - inducir - introducir - producir - reconducir - reducir - reproducirse - seducir - traducir

deducir de los impuestos	*von der Steuer absetzen*
inducir a error	*zu einem Fehler verleiten*
producir aburrimiento	*Langeweile hervorrufen*
traducir al español	*ins Spanische übersetzen*

Besonderheiten

Aufgepasst! Das Indefinido dieser Verben ist sehr unregelmäßig, da es eine Form lateinischen Ursprungs ist: condu**j**o, condu**j**eron...

Denken Sie auch daran, dass das Imperfecto de subjuntivo von der 3. Person des Indefinido ohne -ron abgeleitet wird und daher die gleiche Unregelmäßigkeit aufweist!

Tipp

Lernen Sie zusammen mit den Verben auf -ducir doch gleich auch die entsprechenden Substantive bzw. Adjektive, die die Endung -ductor haben: conductor *Fahrer*, traductor *Übersetzer*, productor *Hersteller* usw.

confiar

-i- → -í-

vertrauen

Indicativo

Presente	Pretérito perfecto
confío	he confiado
confías	has confiado
confía	ha confiado
confiamos	hemos confiado
confiáis	habéis confiado
confían	han confiado

Imperfecto	Pluscuamperfecto
confiaba	había confiado
confiabas	habías confiado
confiaba	había confiado
confiábamos	habíamos confiado
confiabais	habíais confiado
confiaban	habían confiado

Indefinido	Pretérito anterior
confié	hube confiado
confiaste	hubiste confiado
confió	hubo confiado
confiamos	hubimos confiado
confiasteis	hubisteis confiado
confiaron	hubieron confiado

Futuro imp.	Futuro perfecto
confiaré	habré confiado
confiarás	habrás confiado
confiará	habrá confiado
confiaremos	habremos confiado
confiaréis	habréis confiado
confiarán	habrán confiado

Condicional	Condicional comp.
confiaría	habría confiado
confiarías	habrías confiado
confiaría	habría confiado
confiaríamos	habríamos confiado
confiaríais	habríais confiado
confiarían	habrían confiado

Subjuntivo

Presente	Imperfecto
confíe	confiara / confiase
confíes	confiaras / confiases
confíe	confiara / confiase
confiemos	confiáramos / confiásemos
confiéis	confiarais / confiaseis
confíen	confiaran / confiasen

Perfecto	Pluscuamperfecto
haya confiado	hubiera / hubiese confiado
hayas confiado	hubieras / -ieses confiado
haya confiado	hubiera / -iese confiado
hayamos confiado	hubiéramos / -iésemos confiado
hayáis confiado	hubierais / -ieseis confiado
hayan confiado	hubieran / -iesen confiado

Imperativo

	afirmativo	negativo
(tú)	confía	no confíes
(usted)	confíe	no confíe
(nosotros)	confiemos	no confiemos
(vosotros)	confiad	no confiéis
(ustedes)	confíen	no confíen

Infinitivo

simple	compuesto
confiar	haber confiado

Gerundio

simple	compuesto
confiando	habiendo confiado

Participio

confiado

Beispiele und Wendungen

Confío en que el paquete llegue pronto.
Ich vertraue darauf, dass das Paket bald ankommt.

Le confió un secreto a su amiga.
Sie hat ihrer Freundin ein Geheimnis anvertraut.

confiar en alguien	*jdm. vertrauen*
confiarse a alguien	*sich jdm. anvertrauen*

Weitere Verben

agriar - ampliar - averiarse - contrariar - criar - desviar - enfriar - enviar - esquiar - fiarse - fotografiar - guiar - mecanografiar - resfriarse - vaciar

desviar a alguien de hacer algo	*jdn. davon abbringen, etwas zu tun*
fiarse de alguien	*sich auf jdn. verlassen*
Se ha resfriado y tose.	*Er hat sich erkältet und hustet.*

Besonderheiten

Die Verben dieser Gruppe erhalten einen Akzent auf dem -i-, wenn diesem nur eine einzige Silbe folgt: conf**í**o, aber: conf**i**amos.
Mit diesem Akzent wird angezeigt, dass die beiden Vokale keinen Diphthong bilden (wie z. B. in radio, Colombia), sondern dass sie getrennt ausgesprochen werden müssen: conf**í**o, d**í**a, t**í**o...

Tipp

Lesen Sie die Formen der Konjugation laut vor und lernen Sie gleichzeitig die Schreibweise. Die Akzente sind ein wichtiger Hinweis zur Betonung: eine Silbe, die einen Akzent trägt, wird immer betont. Vergleichen Sie conf**í**o und confi**ó**.

conocer

kennen (lernen)

-c- → -zc- (vor -a und -o)

Indicativo

Presente	Pretérito perfecto
conozco	he conocido
conoces	has conocido
conoce	ha conocido
conocemos	hemos conocido
conocéis	habéis conocido
conocen	han conocido

Imperfecto	Pluscuamperfecto
conocía	había conocido
conocías	habías conocido
conocía	había conocido
conocíamos	habíamos conocido
conocíais	habíais conocido
conocían	habían conocido

Indefinido	Pretérito anterior
conocí	hube conocido
conociste	hubiste conocido
conoció	hubo conocido
conocimos	hubimos conocido
conocisteis	hubisteis conocido
conocieron	hubieron conocido

Futuro imp.	Futuro perfecto
conoceré	habré conocido
conocerás	habrás conocido
conocerá	habrá conocido
conoceremos	habremos conocido
conoceréis	habréis conocido
conocerán	habrán conocido

Condicional	Condicional comp.
conocería	habría conocido
conocerías	habrías conocido
conocería	habría conocido
conoceríamos	habríamos conocido
conoceríais	habríais conocido
conocerían	habrían conocido

Subjuntivo

Presente	Imperfecto
conozca	conociera / conociese
conozcas	conocieras / conocieses
conozca	conociera / conociese
conozcamos	conociéramos / conociésemos
conozcáis	conocierais / conocieseis
conozcan	conocieran / conociesen

Perfecto	Pluscuamperfecto
haya conocido	hubiera / hubiese conocido
hayas conocido	hubieras / -ieses conocido
haya conocido	hubiera / -iese conocido
hayamos conocido	hubiéramos / -iésemos conocido
hayáis conocido	hubierais / -ieseis conocido
hayan conocido	hubieran / -iesen conocido

Imperativo

	afirmativo	negativo
(tú)	conoce	no conozcas
(usted)	conozca	no conozca
(nosotros)	conozcamos	no conozcamos
(vosotros)	conoced	no conozcáis
(ustedes)	conozcan	no conozcan

Infinitivo

simple	compuesto
conocer	haber conocido

Gerundio

simple	compuesto
conociendo	habiendo conocido

Participio

conocido

Beispiele und Wendungen

Mis padres se conocieron en París.
Meine Eltern haben sich in Paris kennen gelernt.

Está enfermo de Alzheimer y no conoce a nadie.
Er leidet an Alzheimer und erkennt niemanden.

dar a conocer	*bekannt geben*
conocer de vista	*vom Sehen kennen*

Weitere Verben

desconocer – reconocer

desconocer el significado	*die Bedeutung nicht wissen*
reconocer un error	*einen Fehler zugeben*
reconocerse culpable	*sich schuldig bekennen*

Besonderheiten

Bei diesen Verben ist die 1. Person des Presente de indicativo unregelmäßig, das -c- im Stamm wird zu -zc-. Da von dieser Form das Presente de subjuntivo abgeleitet wird, findet sich auch dort diese Unregelmäßigkeit:

No creo que tu madre conozca este restaurante.
Ich glaube nicht, dass deine Mutter dieses Restaurant kennt.

Tipp

Vergessen Sie nicht, dass das direkte Objekt auf Spanisch mit der Präposition a steht, wenn es sich um Personen handelt:

Conozco **a** su madre, aber: No conozco París.

24 construir

-u- → -uy-

bauen

Indicativo

Presente	Pretérito perfecto
construyo	he construido
construyes	has construido
construye	ha construido
construimos	hemos construido
construís	habéis construido
construyen	han construido

Imperfecto	Pluscuamperfecto
construía	había construido
construías	habías construido
construía	había construido
construíamos	habíamos construido
construíais	habíais construido
construían	habían construido

Indefinido	Pretérito anterior
construí	hube construido
construiste	hubiste construido
construyó	hubo construido
construimos	hubimos construido
construisteis	hubisteis construido
construyeron	hubieron construido

Futuro imp.	Futuro perfecto
construiré	habré construido
construirás	habrás construido
construirá	habrá construido
construiremos	habremos construido
construiréis	habréis construido
construirán	habrán construido

Condicional	Condicional comp.
construiría	habría construido
construirías	habrías construido
construiría	habría construido
construiríamos	habríamos construido
construiríais	habríais construido
construirían	habrían construido

Subjuntivo

Presente	Imperfecto
construya	construyera / construyese
construyas	construyeras / construyeses
construya	construyera / construyese
construyamos	construyéramos / construyésemos
construyáis	construyerais / construyeseis
construyan	construyeran / construyesen

Perfecto	Pluscuamperfecto
haya construido	hubiera / hubiese construido
hayas construido	hubieras / -ieses construido
haya construido	hubiera / -iese construido
hayamos construido	hubiéramos / -iésemos construido
hayáis construido	hubierais / -ieseis construido
hayan construido	hubieran / -iesen construido

Imperativo

	afirmativo	negativo
(tú)	construye	no construyas
(usted)	construya	no construya
(nosotros)	construyamos	no construyamos
(vosotros)	construid	no construyáis
(ustedes)	construyan	no construyan

Infinitivo

simple	compuesto
construir	haber construido

Gerundio

simple	compuesto
construyendo	habiendo construido

Participio

construido

Beispiele und Wendungen

La catedral fue construida en el siglo XVI.
Der Dom wurde im 16. Jahrhundert gebaut.

¿Puedes construir una frase con este verbo?
Kannst du einen Satz mit diesem Verb bilden?

construir una casa	*ein Haus bauen*
construir un cohete	*einen Rakete konstruieren*

Weitere Verben

atribuir - concluir - constituir - contribuir - destituir - destruir - disminuir - distribuir - excluir - huir - incluir - influir - intuir - obstruir - sustituir

algo constituye un problema	*etwas stellt ein Problem dar*
huir de alguien	*vor jdm. fliehen*
influir en una decisión	*eine Entscheidung beeinflussen*
sustituir al jefe	*den Chef vertreten*

Besonderheiten

In den Formen, deren Endungen nicht mit -i- anfangen, wird das -u- des Stamms zu -uy-.
Beispiel Präsens: constru- + -o → constr**uy**o,
aber: constru- + -imos → construimos, also ganz regelmäßig.

Tipp

Denken Sie daran, dass es im Spanischen keine Gruppen aus drei Vokalen mit einem -i- in der Mitte gibt. Wenn Verbstamm + Endung in dieser Weise aufeinandertreffen (z. B. constru- ió im Indefinido), wird das -i- zu -y- (constru**y**ó).

contar

-o- → -ue-

zählen, erzählen

Indicativo

Presente	Pretérito perfecto
cuento	he contado
cuentas	has contado
cuenta	ha contado
contamos	hemos contado
contáis	habéis contado
cuentan	han contado

Imperfecto	Pluscuamperfecto
contaba	había contado
contabas	habías contado
contaba	había contado
contábamos	habíamos contado
contabais	habíais contado
contaban	habían contado

Indefinido	Pretérito anterior
conté	hube contado
contaste	hubiste contado
contó	hubo contado
contamos	hubimos contado
contasteis	hubisteis contado
contaron	hubieron contado

Futuro imp.	Futuro perfecto
contaré	habré contado
contarás	habrás contado
contará	habrá contado
contaremos	habremos contado
contaréis	habréis contado
contarán	habrán contado

Condicional	Condicional comp.
contaría	habría contado
contarías	habrías contado
contaría	habría contado
contaríamos	habríamos contado
contaríais	habríais contado
contarían	habrían contado

Subjuntivo

Presente	Imperfecto
cuente	contara / contase
cuentes	contaras / contases
cuente	contara / contase
contemos	contáramos / contásemos
contéis	contarais / contaseis
cuenten	contaran / contasen

Perfecto	Pluscuamperfecto
haya contado	hubiera / hubiese contado
hayas contado	hubieras / -ieses contado
haya contado	hubiera / -iese contado
hayamos contado	hubiéramos / -iésemos contado
hayáis contado	hubierais / -ieseis contado
hayan contado	hubieran / -iesen contado

Imperativo

	afirmativo	negativo
(tú)	cuenta	no cuentes
(usted)	cuente	no cuente
(nosotros)	contemos	no contemos
(vosotros)	contad	no contéis
(ustedes)	cuenten	no cuenten

Infinitivo

simple	compuesto
contar	haber contado

Gerundio

simple	compuesto
contando	habiendo contado

Participio

contado

contar

zählen, erzählen

Beispiele und Wendungen

Podéis contar con nosotros.
Ihr könnt euch auf uns verlassen.

Para su padre lo único que cuenta es el dinero.
Für seinen Vater zählt nur das Geld.

contar un cuento	*ein Märchen erzählen*
¿Qué me cuentas?	*Was gibt's Neues?*

Weitere Verben

acordarse - acostarse - apostar - comprobar - consolar - costar - demostrar - encontrarse - probar - recordar - sonar - soñar - volar

¿Cuánto cuesta?	*Wie viel kostet es?*
encontrarse bien / mal	*sich wohl / schlecht fühlen*
soñar con hacer algo	*sich sehnlichst wünschen, etwas zu tun*

Besonderheiten

Bei diesen Verben wird das -o- in den stammbetonten Formen durch den Diphthong -ue- ersetzt: c**o**ntar → c**u**enta, aber: c**o**ntamos.

Die Endungen sind jedoch die gleichen wie bei den regelmäßigen Verben.

Tipp

Zu dieser Gruppe gehören zwei wichtige Verben, die zwar dieselbe Bedeutung haben, aber unterschiedlich konstruiert werden: recordar algo und acordarse de algo bedeuten beide *sich an etwas erinnern.*

No recuerdo su nombre. / No me acuerdo de su nombre.
Ich erinnere mich nicht an seinen Namen.

26 cruzar

-z- → -c- (vor -e)

kreuzen, überqueren

Indicativo

Presente	Pretérito perfecto
cruzo	he cruzado
cruzas	has cruzado
cruza	ha cruzado
cruzamos	hemos cruzado
cruzáis	habéis cruzado
cruzan	han cruzado

Imperfecto	Pluscuamperfecto
cruzaba	había cruzado
cruzabas	habías cruzado
cruzaba	había cruzado
cruzábamos	habíamos cruzado
cruzabais	habíais cruzado
cruzaban	habían cruzado

Indefinido	Pretérito anterior
crucé	hube cruzado
cruzaste	hubiste cruzado
cruzó	hubo cruzado
cruzamos	hubimos cruzado
cruzasteis	hubisteis cruzado
cruzaron	hubieron cruzado

Futuro imp.	Futuro perfecto
cruzaré	habré cruzado
cruzarás	habrás cruzado
cruzará	habrá cruzado
cruzaremos	habremos cruzado
cruzaréis	habréis cruzado
cruzarán	habrán cruzado

Condicional	Condicional comp.
cruzaría	habría cruzado
cruzarías	habrías cruzado
cruzaría	habría cruzado
cruzaríamos	habríamos cruzado
cruzaríais	habríais cruzado
cruzarían	habrían cruzado

Subjuntivo

Presente	Imperfecto
cruce	cruzara / cruzase
cruces	cruzaras / cruzases
cruce	cruzara / cruzase
crucemos	cruzáramos / cruzásemos
crucéis	cruzarais / cruzaseis
crucen	cruzaran / cruzasen

Perfecto	Pluscuamperfecto
haya cruzado	hubiera / hubiese cruzado
hayas cruzado	hubieras / -ieses cruzado
haya cruzado	hubiera / -iese cruzado
hayamos cruzado	hubiéramos / -iésemos cruzado
hayáis cruzado	hubierais / -ieseis cruzado
hayan cruzado	hubieran / -iesen cruzado

Imperativo

	afirmativo	negativo
(tú)	cruza	no cruces
(usted)	cruce	no cruce
(nosotros)	crucemos	no crucemos
(vosotros)	cruzad	no crucéis
(ustedes)	crucen	no crucen

Infinitivo

simple	compuesto
cruzar	haber cruzado

Gerundio

simple	compuesto
cruzando	habiendo cruzado

Participio

cruzado

Beispiele und Wendungen

Hay atasco y es imposible cruzar el centro.
Es staut sich, so dass es unmöglich ist, durch das Stadtzentrum zu fahren.

Esta mañana me he cruzado con Antonio.
Heute Morgen bin ich Antonio begegnet.

cruzar la calle	*die Straße überqueren*
cruzar los brazos	*die Arme verschränken*
cruzarse en el camino de alguien	*sich jdm. in den Weg stellen*

Weitere Verben

abrazar - adelgazar - alcanzar - analizar - calzar - desplazar - especializarse - finalizar - organizar - protagonizar - tranquilizarse - utilizar

Adelgazó 20 kilos.	*Er hat 20 Kilo abgenommen.*
alcanzar un acuerdo	*ein Abkommen schließen*
¿Qué número calzas?	*Welche Schuhgröße hast du?*
protagonizar una película	*die Hauptrolle in einem Film spielen*

Besonderheiten

Bei den Verben auf -zar kommt es zu einer orthographischen Anpassung: das -z- im Stamm wird zu -c- vor Verbendungen, die mit -e beginnen: tranquili**z**arse → que te tranquili**c**es.

Tipp
Vergessen Sie nicht, dass die Kombinationen „ze" und „zi" in der spanischen Orthographie nicht existieren!

dar

geben

Indicativo

Presente	Pretérito perfecto
doy	he dado
das	has dado
da	ha dado
damos	hemos dado
dais	habéis dado
dan	han dado

Imperfecto	Pluscuamperfecto
daba	había dado
dabas	habías dado
daba	había dado
dábamos	habíamos dado
dabais	habíais dado
daban	habían dado

Indefinido	Pretérito anterior
di	hube dado
diste	hubiste dado
dio	hubo dado
dimos	hubimos dado
disteis	hubisteis dado
dieron	hubieron dado

Futuro imp.	Futuro perfecto
daré	habré dado
darás	habrás dado
dará	habrá dado
daremos	habremos dado
daréis	habréis dado
darán	habrán dado

Condicional	Condicional comp.
daría	habría dado
darías	habrías dado
daría	habría dado
daríamos	habríamos dado
daríais	habríais dado
darían	habrían dado

Subjuntivo

Presente	Imperfecto
dé	diera / diese
des	dieras / dieses
dé	diera / diese
demos	diéramos / diésemos
deis	dierais / dieseis
den	dieran / diesen

Perfecto	Pluscuamperfecto
haya dado	hubiera / hubiese dado
hayas dado	hubieras / -ieses dado
haya dado	hubiera / -iese dado
hayamos dado	hubiéramos / -iésemos dado
hayáis dado	hubierais / -ieseis dado
hayan dado	hubieran / -iesen dado

Imperativo

	afirmativo	negativo
(tú)	da	no des
(usted)	dé	no dé
(nosotros)	demos	no demos
(vosotros)	dad	no deis
(ustedes)	den	no den

Infinitivo

simple	compuesto
dar	haber dado

Gerundio

simple	compuesto
dando	habiendo dado

Participio

dado

Beispiele und Wendungen

Me ha dado un euro menos de cambio.
Er hat mir einen Euro zu wenig zurückgegeben.

El reloj de la iglesia ha dado las cinco.
Von der Kirchturmuhr hat es 5 Uhr geschlagen.

dar de alta / baja	*gesund- / krankschreiben*
dar por hecho que...	*davon ausgehen, dass ...*
dar permiso	*die Erlaubnis erteilen*
Me da igual.	*Das ist mir egal.*
dar en el blanco	*ins Schwarze treffen*
darse cuenta de algo	*etwas (be)merken*

Besonderheiten

Die 1. und 3. Person des Presente de subjuntivo und die 3. Person des Imperativs (d**é**) erhalten den so genannten Unterscheidungsakzent (acento diacrítico) zur Unterscheidung von der gleichlautenden Präposition de.

Tipp

Sie kennen sicher schon viele andere Wendungen mit dem Verb dar. Schlagen Sie weitere im Wörterbuch nach und zeichnen Sie eine Mindmap:

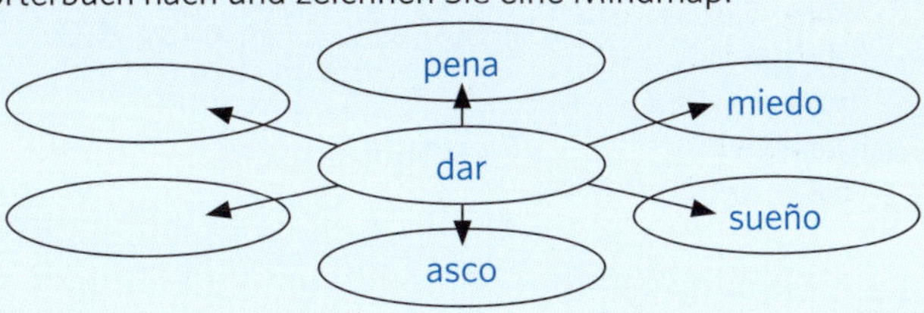

decir

sagen

-e- → -i- / -ec- → -ig-, -ij-

Indicativo

Presente	Pretérito perfecto
digo	he dicho
dices	has dicho
dice	ha dicho
decimos	hemos dicho
decís	habéis dicho
dicen	han dicho

Imperfecto	Pluscuamperfecto
decía	había dicho
decías	habías dicho
decía	había dicho
decíamos	habíamos dicho
decíais	habíais dicho
decían	habían dicho

Indefinido	Pretérito anterior
dije	hube dicho
dijiste	hubiste dicho
dijo	hubo dicho
dijimos	hubimos dicho
dijisteis	hubisteis dicho
dijeron	hubieron dicho

Futuro imp.	Futuro perfecto
diré	habré dicho
dirás	habrás dicho
dirá	habrá dicho
diremos	habremos dicho
diréis	habréis dicho
dirán	habrán dicho

Condicional	Condicional comp.
diría	habría dicho
dirías	habrías dicho
diría	habría dicho
diríamos	habríamos dicho
diríais	habríais dicho
dirían	habrían dicho

Subjuntivo

Presente	Imperfecto
diga	dijera / dijese
digas	dijeras / dijeses
diga	dijera / dijese
digamos	dijéramos / dijésemos
digáis	dijerais / dijeseis
digan	dijeran / dijesen

Perfecto	Pluscuamperfecto
haya dicho	hubiera / hubiese dicho
hayas dicho	hubieras / -ieses dicho
haya dicho	hubiera / -iese dicho
hayamos dicho	hubiéramos / -iésemos dicho
hayáis dicho	hubierais / -ieseis dicho
hayan dicho	hubieran / -iesen dicho

Imperativo

	afirmativo	negativo
(tú)	di	no digas
(usted)	diga	no diga
(nosotros)	digamos	no digamos
(vosotros)	decid	no digáis
(ustedes)	digan	no digan

Infinitivo

simple	compuesto
decir	haber dicho

Gerundio

simple	compuesto
diciendo	habiendo dicho

Participio

dicho

Beispiele und Wendungen

Dice que tú compres el regalo.
Er sagt, dass du das Geschenk kaufen sollst.

Dicen que mañana va a llover.
Es heißt, dass es morgen regnen wird.

¿Cómo se dice en español...?	*Wie sagt man ... auf Spanisch?*
dicho y hecho	*gesagt, getan*
¡No me digas!	*Wirklich?*

Weitere Verben

bendecir - contradecir - desdecirse - maldecir - predecir

Sus declaraciones se contradicen.	*Ihre Aussagen stehen im Widerspruch.*
desdecirse de una promesa	*ein Versprechen nicht halten*

Besonderheiten

Achtung! Bendecir und maldecir werden teilweise regelmäßig konjugiert, und zwar im Futuro imperfecto (ben**deciré**, mal**deciré**) und Condicional simple (ben**deciría**, mal**deciría**).
Das Partizip ist regelmäßig: ben**decido**, mal**decido**.

Bei contradecir besteht die Möglichkeit, diese Zeiten sowohl regelmäßig (contra**deciré**, contra**deciría**) als auch wie decir (contra**diré**, contra**diría**) zu bilden.
Das Partizip ist contra**dicho**.

Tipp

Wissen Sie, wie man sich in Spanien am Telefon meldet? Natürlich, mit diga oder dígame (wörtlich: *Sagen Sie!, Sagen Sie mir!*). Merken Sie sich dieses Wort, da es sich dabei um die 3. Person des Imperativs von decir handelt.

29 dirigir

leiten, führen

-g- → -j- (vor -a und -o)

Indicativo

Presente	Pretérito perfecto
dirijo	he dirigido
diriges	has dirigido
dirige	ha dirigido
dirigimos	hemos dirigido
dirigís	habéis dirigido
dirigen	han dirigido

Imperfecto	Pluscuamperfecto
dirigía	había dirigido
dirigías	habías dirigido
dirigía	había dirigido
dirigíamos	habíamos dirigido
dirigíais	habíais dirigido
dirigían	habían dirigido

Indefinido	Pretérito anterior
dirigí	hube dirigido
dirigiste	hubiste dirigido
dirigió	hubo dirigido
dirigimos	hubimos dirigido
dirigisteis	hubisteis dirigido
dirigieron	hubieron dirigido

Futuro imp.	Futuro perfecto
dirigiré	habré dirigido
dirigirás	habrás dirigido
dirigirá	habrá dirigido
dirigiremos	habremos dirigido
dirigiréis	habréis dirigido
dirigirán	habrán dirigido

Condicional	Condicional comp.
dirigiría	habría dirigido
dirigirías	habrías dirigido
dirigiría	habría dirigido
dirigiríamos	habríamos dirigido
dirigiríais	habríais dirigido
dirigirían	habrían dirigido

Subjuntivo

Presente	Imperfecto
dirija	dirigiera /dirigiese
dirijas	dirigieras / dirigieses
dirija	dirigiera / dirigiese
dirijamos	dirigiéramos / dirigiésemos
dirijáis	dirigierais / dirigieseis
dirijan	dirigieran / dirigiesen

Perfecto	Pluscuamperfecto
haya dirigido	hubiera / hubiese dirigido
hayas dirigido	hubieras / -ieses dirigido
haya dirigido	hubiera / -iese dirigido
hayamos dirigido	hubiéramos / -iésemos dirigido
hayáis dirigido	hubierais / -ieseis dirigido
hayan dirigido	hubieran / -iesen dirigido

Imperativo

	afirmativo	negativo
(tú)	dirige	no dirijas
(usted)	dirija	no dirija
(nosotros)	dirijamos	no dirijamos
(vosotros)	dirigid	no dirijáis
(ustedes)	dirijan	no dirijan

Infinitivo

simple	compuesto
dirigir	haber dirigido

Gerundio

simple	compuesto
dirigiendo	habiendo dirigido

Participio

dirigido

dirigir

leiten, führen

Beispiele und Wendungen

El mánager dirige la empresa desde hace un año.
Der Manager leitet die Firma seit einem Jahr.

Desde entonces su padre ya no le dirige la palabra.
Seitdem richtet sein Vater nicht mehr das Wort an ihn.

Dirijan ustedes sus respuestas a la dirección siguiente:...
Senden Sie Ihre Antworten an folgende Adresse: ...

dirigirse a un lugar	*sich zu einem Ort begeben*
dirigir una película	*(bei einem Film) Regie führen*

Weitere Verben

afligirse – divergir – erigir – exigir – fingir – infringir – restringir – resurgir – rugir – surgir – transigir

afligirse por algo	*über etwas betrübt sein*
exigir una explicación	*eine Erklärung verlangen*
infringir las reglas	*gegen die Regeln verstoßen*

Besonderheiten

Diese auf -gir endenden Verben sind zwar regelmäßig, wie bei den Verben auf -ger (Nr. 20, coger) kommt es aber zu einer orthographischen Anpassung, um die Aussprache des Verbstamms beibehalten zu können: das -g- im Stamm wird vor den Vokalen -a und -o zu -j-: diri**g**ir → diri**j**o, diri**j**a...

Tipp

Für Spanischlerner stellt die Aussprache von -g- / -j- häufig ein Problem dar. Vergleichen Sie diesen Laut mit dem deutschen -ch- nach a-, o-, u-, wie z. B. in *doch*.

discernir

-e- → -ie-

unterscheiden

Indicativo

Presente	Pretérito perfecto
discierno	he discernido
disciernes	has discernido
discierne	ha discernido
discernimos	hemos discernido
discernís	habéis discernido
disciernen	han discernido

Imperfecto	Pluscuamperfecto
discernía	había discernido
discernías	habías discernido
discernía	había discernido
discerníamos	habíamos discernido
discerníais	habíais discernido
discernían	habían discernido

Indefinido	Pretérito anterior
discerní	hube discernido
discerniste	hubiste discernido
discernió	hubo discernido
discernimos	hubimos discernido
discernisteis	hubisteis discernido
discernieron	hubieron discernido

Futuro imp.	Futuro perfecto
discerniré	habré discernido
discernirás	habrás discernido
discernirá	habrá discernido
discerniremos	habremos discernido
discerniréis	habréis discernido
discernirán	habrán discernido

Condicional	Condicional comp.
discerniría	habría discernido
discernirías	habrías discernido
discerniría	habría discernido
discerniríamos	habríamos discernido
discerniríais	habríais discernido
discernirían	habrían discernido

Subjuntivo

Presente	Imperfecto
discierna	discerniera / discerniese
disciernas	discernieras / discernieses
discierna	discerniera / discerniese
discernamos	discerniéramos / discerniésemos
discernáis	discernierais / discernieseis
disciernan	discernieran / discerniesen

Perfecto	Pluscuamperfecto
haya discernido	hubiera / hubiese discernido
hayas discernido	hubieras / -ieses discernido
haya discernido	hubiera / -iese discernido
hayamos discernido	hubiéramos / -iésemos discernido
hayáis discernido	hubierais / -ieseis discernido
hayan discernido	hubieran / -iesen discernido

Imperativo

	afirmativo	negativo
(tú)	discierne	no disciernas
(usted)	discierna	no discierna
(nosotros)	discernamos	no discernamos
(vosotros)	discernid	no discernáis
(ustedes)	disciernan	no disciernan

Infinitivo

simple	compuesto
discernir	haber discernido

Gerundio

simple	compuesto
discerniendo	habiendo discernido

Participio

discernido

Beispiele und Wendungen

No sabe aún discernir entre lo bueno y lo malo.
Er kann noch nicht zwischen Gut und Böse unterscheiden.

discernir entre dos cosas	*(zwischen) zwei Sachen unterscheiden*
discernir un galardón	*einen Preis verleihen*

Weitere Verben

cernir - concernir

por lo que concierne a algo / alguien	*was etwas / jdn. betrifft*

Besonderheiten

Bei diesen Verben wird das -e- in den stammbetonten Formen des Präsens und des Imperativs durch den Diphthong -ie- ersetzt: disc**e**rnir → dis**cie**rno,
in den endungsbetonten Formen bleibt das -e- jedoch erhalten: disc**e**rnamos.

Bei concernir werden zudem nur die 3. Person Singular und Plural konjugiert:

Mis problemas no te conciernen.
Meine Probleme gehen dich nichts an.

Tipp

Die Unregelmäßigkeit dieser Verben kommt nur im Presente de indicativo, im Presente de subjuntivo und im Imperativ vor.

Wenn Sie andere geläufigere Verben wie querer (Nr. 54) oder perder (Nr. 48) kennen, dann bereitet Ihnen auch diese Gruppe kein Problem:
qu**ie**ro ↔ disc**ie**rno, qu**ie**ra ↔ disc**ie**rna usw.
Die übrigen Zeiten sind hier, anders als bei querer, jedoch ganz regelmäßig!

31 distinguir

unterscheiden

-gu- → -g- (vor -a und -o)

Indicativo

Presente	Pretérito perfecto
distingo	he distinguido
distingues	has distinguido
distingue	ha distinguido
distinguimos	hemos distinguido
distinguís	habéis distinguido
distinguen	han distinguido

Imperfecto	Pluscuamperfecto
distinguía	había distinguido
distinguías	habías distinguido
distinguía	había distinguido
distinguíamos	habíamos distinguido
distinguíais	habíais distinguido
distinguían	habían distinguido

Indefinido	Pretérito anterior
distinguí	hube distinguido
distinguiste	hubiste distinguido
distinguió	hubo distinguido
distinguimos	hubimos distinguido
distinguisteis	hubisteis distinguido
distinguieron	hubieron distinguido

Futuro imp.	Futuro perfecto
distinguiré	habré distinguido
distinguirás	habrás distinguido
distinguirá	habrá distinguido
distinguiremos	habremos distinguido
distinguiréis	habréis distinguido
distinguirán	habrán distinguido

Condicional	Condicional comp.
distinguiría	habría distinguido
distinguirías	habrías distinguido
distinguiría	habría distinguido
distinguiríamos	habríamos distinguido
distinguiríais	habríais distinguido
distinguirían	habrían distinguido

Subjuntivo

Presente	Imperfecto
distinga	distinguiera / distinguiese
distingas	distinguieras / distinguieses
distinga	distinguiera / distinguiese
distingamos	distinguiéramos / distinguiésemos
distingáis	distinguierais / distinguieseis
distingan	distinguieran / distinguiesen

Perfecto	Pluscuamperfecto
haya distinguido	hubiera / hubiese distinguido
hayas distinguido	hubieras / -ieses distinguido
haya distinguido	hubiera / -iese distinguido
hayamos distinguido	hubiéramos / -iésemos distinguido
hayáis distinguido	hubierais / -ieseis distinguido
hayan distinguido	hubieran / -iesen distinguido

Imperativo

	afirmativo	negativo
(tú)	distingue	no distingas
(usted)	distinga	no distinga
(nosotros)	distingamos	no distingamos
(vosotros)	distinguid	no distingáis
(ustedes)	distingan	no distingan

Infinitivo

simple	compuesto
distinguir	haber distinguido

Gerundio

simple	compuesto
distinguiendo	habiendo distinguido

Participio

distinguido

Beispiele und Wendungen

No podía distinguir el original de la copia.
Er konnte das Original nicht von der Kopie unterscheiden.

Hay que distinguir entre necesidades y deseos.
Man muss zwischen Bedürfnissen und Wünschen unterscheiden.

no distinguir lo blanco de lo negro	*sehr beschränkt sein*
distinguir con un premio	*mit einem Preis auszeichnen*

Weitere Verben

extinguir

extinguir un incendio	*einen Brand löschen*
Los dinosaurios se extinguieron hace 65 millones de años.	*Die Dinosaurier sind vor 65 Millionen Jahren ausgestorben.*

Besonderheiten

Bei diesen Verben wird die Gruppe -gu- zu -g- vor -a und -o, um die Aussprache der Grundform beibehalten zu können: distin**gu**ir → distin**g**o.

Extinguir weist neben dem regelmäßigen Partizip (extinguido *(aus)gelöscht*) ein unregelmäßiges Partizip (extinto *tot, ausgestorben*) auf, das nur adjektivische Funktion hat.

Esta especie de caracol está extinta.
Diese Schneckenart ist ausgestorben.

Tipp

Achten Sie auf die Aussprache! Ein häufiger Fehler von Spanischlernern ist es, das -u- in der Silbe -gui- auszusprechen. Das -u- wird in dieser Gruppe nie ausgesprochen, es sei denn, es ist mit einem Trema (-ü-) versehen.

dormir

schlafen

-o- → -ue-, -u-

Indicativo

Presente	Pretérito perfecto
duermo	he dormido
duermes	has dormido
duerme	ha dormido
dormimos	hemos dormido
dormís	habéis dormido
duermen	han dormido

Imperfecto	Pluscuamperfecto
dormía	había dormido
dormías	habías dormido
dormía	había dormido
dormíamos	habíamos dormido
dormíais	habíais dormido
dormían	habían dormido

Indefinido	Pretérito anterior
dormí	hube dormido
dormiste	hubiste dormido
durmió	hubo dormido
dormimos	hubimos dormido
dormisteis	hubisteis dormido
durmieron	hubieron dormido

Futuro imp.	Futuro perfecto
dormiré	habré dormido
dormirás	habrás dormido
dormirá	habrá dormido
dormiremos	habremos dormido
dormiréis	habréis dormido
dormirán	habrán dormido

Condicional	Condicional comp.
dormiría	habría dormido
dormirías	habrías dormido
dormiría	habría dormido
dormiríamos	habríamos dormido
dormiríais	habríais dormido
dormirían	habrían dormido

Subjuntivo

Presente	Imperfecto
duerma	durmiera / durmiese
duermas	durmieras / durmieses
duerma	durmiera / durmiese
durmamos	durmiéramos / durmiésemos
durmáis	durmierais / durmieseis
duerman	durmieran / durmiesen

Perfecto	Pluscuamperfecto
haya dormido	hubiera / hubiese dormido
hayas dormido	hubieras / -ieses dormido
haya dormido	hubiera / -iese dormido
hayamos dormido	hubiéramos / -iésemos dormido
hayáis dormido	hubierais / -ieseis dormido
hayan dormido	hubieran / -iesen dormido

Imperativo

	afirmativo	negativo
(tú)	duerme	no duermas
(usted)	duerma	no duerma
(nosotros)	durmamos	no durmamos
(vosotros)	dormid	no durmáis
(ustedes)	duerman	no duerman

Infinitivo

simple	compuesto
dormir	haber dormido

Gerundio

simple	compuesto
durmiendo	habiendo dormido

Participio

dormido

Beispiele und Wendungen

Esta noche he dormido sólo cinco horas.
Heute Nacht habe ich nur fünf Stunden geschlafen.

Me he dormido viendo la tele.
Ich bin beim Fernsehen eingeschlafen.

dormir a pierna suelta	*wie ein Murmeltier schlafen*
dormir la borrachera / la mona	*seinen Rausch ausschlafen*
dormirse en los laureles	*sich auf seinen Lorbeeren ausruhen*

Weitere Verben

morir

morirse de hambre / de sed	*verhungern / verdursten*
Me muero de ganas.	*Ich bin gespannt.*

Besonderheiten

In der 3. Person Singular und Plural des Indefinido wird -o- zu -u- (d**u**rmió, d**u**rmieron), und damit auch beim Imperfecto de subjuntivo (d**u**rmiera...). Auch die 1. und 2. Person des Presente de subjuntivo und die 1. Person Plural des Imperativs weisen diese Veränderung auf.

Zudem findet sich ausschließlich in den stammbetonten Formen eine Vokalveränderung von -o- zu -ue-, ganz genau wie bei contar (Nr. 25):
d**o**rmir → d**ue**rme, aber: d**o**rmimos.

Das Partizip von morir ist unregelmäßig: muerto.

Tipp

Denken Sie daran, dass das Imperfecto de subjuntivo aus der 3. Person des Indefinido ohne -ron gebildet wird: durmie-**ron** → durmie-**ra** / durmie-**se**.

33 elegir

(aus)wählen

-e- → -i- / -g- → -j- (vor -a und -o)

Indicativo

Presente	Pretérito perfecto
elijo	he elegido
eliges	has elegido
elige	ha elegido
elegimos	hemos elegido
elegís	habéis elegido
eligen	han elegido

Imperfecto	Pluscuamperfecto
elegía	había elegido
elegías	habías elegido
elegía	había elegido
elegíamos	habíamos elegido
elegíais	habíais elegido
elegían	habían elegido

Indefinido	Pretérito anterior
elegí	hube elegido
elegiste	hubiste elegido
eligió	hubo elegido
elegimos	hubimos elegido
elegisteis	hubisteis elegido
eligieron	hubieron elegido

Futuro imp.	Futuro perfecto
elegiré	habré elegido
elegirás	habrás elegido
elegirá	habrá elegido
elegiremos	habremos elegido
elegiréis	habréis elegido
elegirán	habrán elegido

Condicional	Condicional comp.
elegiría	habría elegido
elegirías	habrías elegido
elegiría	habría elegido
elegiríamos	habríamos elegido
elegiríais	habríais elegido
elegirían	habrían elegido

Subjuntivo

Presente	Imperfecto
elija	eligiera / eligiese
elijas	eligieras / eligieses
elija	eligiera / eligiese
elijamos	eligiéramos / eligiésemos
elijáis	eligierais / eligieseis
elijan	eligieran / eligiesen

Perfecto	Pluscuamperfecto
haya elegido	hubiera / hubiese elegido
hayas elegido	hubieras / -ieses elegido
haya elegido	hubiera / -iese elegido
hayamos elegido	hubiéramos / -iésemos elegido
hayáis elegido	hubierais / -ieseis elegido
hayan elegido	hubieran / -iesen elegido

Imperativo

	afirmativo	negativo
(tú)	elige	no elijas
(usted)	elija	no elija
(nosotros)	elijamos	no elijamos
(vosotros)	elegid	no elijáis
(ustedes)	elijan	no elijan

Infinitivo

simple	compuesto
elegir	haber elegido

Gerundio

simple	compuesto
eligiendo	habiendo elegido

Participio

elegido

Beispiele und Wendungen

Ha sido elegido presidente.
Er ist zum Präsidenten gewählt worden.

¿Por qué eligió usted esta profesión?
Wieso haben Sie diesen Beruf gewählt?

elegir entre varias cosas	*unter mehreren Sachen auswählen*
a elegir	*nach Wahl*

Weitere Verben

colegir - corregir - reelegir - regir

corregir la ortografía	*die Rechtschreibung korrigieren*
regirse por la ley	*sich nach dem Gesetz richten*

Besonderheiten

Aus rein orthographischen Gründen wird bei diesen Verben das -g- zu -j-, wenn der nächste Vokal ein -a bzw. -o ist: ele**g**ir → eli**j**o, eli**j**a...

Außerdem erfolgt bei diesen Verben eine Vokalveränderung im Stamm: das -e- wird in allen Formen zu -i-, die kein anderes Silben bildendes -i- enthalten; das -i- im Diphthong -ie- oder -io- gilt dabei nicht als selbstständiges -i-:
el**e**gir → el**i**ge, el**i**gió..., aber: el**e**gimos, el**e**gía...

Tipp

Lernen Sie die Konjugation von elegir und pedir (Nr. 46) zusammen, da beide sehr ähnlich sind.

Denken Sie immer daran, dass die Formen des Presente de subjuntivo und des verneinten Imperativs gleich sind.

Indicativo

Presente	Pretérito perfecto
empiezo	he empezado
empiezas	has empezado
empieza	ha empezado
empezamos	hemos empezado
empezáis	habéis empezado
empiezan	han empezado

Imperfecto	Pluscuamperfecto
empezaba	había empezado
empezabas	habías empezado
empezaba	había empezado
empezábamos	habíamos empezado
empezabais	habíais empezado
empezaban	habían empezado

Indefinido	Pretérito anterior
empecé	hube empezado
empezaste	hubiste empezado
empezó	hubo empezado
empezamos	hubimos empezado
empezasteis	hubisteis empezado
empezaron	hubieron empezado

Futuro imp.	Futuro perfecto
empezaré	habré empezado
empezarás	habrás empezado
empezará	habrá empezado
empezaremos	habremos empezado
empezaréis	habréis empezado
empezarán	habrán empezado

Condicional	Condicional comp.
empezaría	habría empezado
empezarías	habrías empezado
empezaría	habría empezado
empezaríamos	habríamos empezado
empezaríais	habríais empezado
empezarían	habrían empezado

Subjuntivo

Presente	Imperfecto
empiece	empezara / empezase
empieces	empezaras / empezases
empiece	empezara / empezase
empecemos	empezáramos / empezásemos
empecéis	empezarais / empezaseis
empiecen	empezaran / empezasen

Perfecto	Pluscuamperfecto
haya empezado	hubiera / hubiese empezado
hayas empezado	hubieras / -ieses empezado
haya empezado	hubiera / -iese empezado
hayamos empezado	hubiéramos / -iésemos empezado
hayáis empezado	hubierais / -ieseis empezado
hayan empezado	hubieran / -iesen empezado

Imperativo

	afirmativo	negativo
(tú)	empieza	no empieces
(usted)	empiece	no empiece
(nosotros)	empecemos	no empecemos
(vosotros)	empezad	no empecéis
(ustedes)	empiecen	no empiecen

Infinitivo

simple	compuesto
empezar	haber empezado

Gerundio

simple	compuesto
empezando	habiendo empezado

Participio

empezado

Beispiele und Wendungen

¿Has empezado ya la novela?
Hast du den Roman schon angefangen?

Empezó a tocar el piano a los seis años.
Er hat mit sechs Jahren angefangen, Klavier zu spielen.

empezar a hacer algo	*beginnen, etwas zu tun*
para empezar...	*erstens ...*
¡No empieces!	*Fang nicht schon wieder damit an!*

Weitere Verben

comenzar - recomenzar - tropezar

comenzar a hacer algo	*beginnen, etwas zu tun*
tropezarse con alguien	*jdm. (zufällig) begegnen*
tropezar dos veces con la misma piedra	*zweimal den gleichen Fehler machen*

Besonderheiten

Diese Gruppe weist im Presente de indicativo und Presente de subjuntivo eine Unregelmäßigkeit auf, nämlich eine Vokalveränderung von -e- zu -ie-:
emp**e**zar → emp**ie**zo, emp**ie**ce...
Hiervon bleiben die 1. und 2. Person Plural unberührt, da dort das -e- nicht betont ist: emp**e**zamos.

Um eine einheitliche Aussprache zu gewährleisten, wird außerdem vor -e das -z- im Stamm zu -c-: empe**z**ar → empie**c**e, empe**c**é...

Tipp

Vergessen Sie nicht, dass die Kombinationen „ze" und „zi" in der spanischen Orthographie nicht existieren!

erguir

aufrichten, (hoch)heben

Indicativo

Presente	Pretérito perfecto
yergo / irgo	he erguido
yergues / irgues	has erguido
yergue / irgue	ha erguido
erguimos	hemos erguido
erguís	habéis erguido
yerguen / irguen	han erguido

Imperfecto	Pluscuamperfecto
erguía	había erguido
erguías	habías erguido
erguía	había erguido
erguíamos	habíamos erguido
erguíais	habíais erguido
erguían	habían erguido

Indefinido	Pretérito anterior
erguí	hube erguido
erguiste	hubiste erguido
irguió	hubo erguido
erguimos	hubimos erguido
erguisteis	hubisteis erguido
irguieron	hubieron erguido

Futuro imp.	Futuro perfecto
erguiré	habré erguido
erguirás	habrás erguido
erguirá	habrá erguido
erguiremos	habremos erguido
erguiréis	habréis erguido
erguirán	habrán erguido

Condicional	Condicional comp.
erguiría	habría erguido
erguirías	habrías erguido
erguiría	habría erguido
erguiríamos	habríamos erguido
erguiríais	habríais erguido
erguirían	habrían erguido

Subjuntivo

Presente	Imperfecto
yerga / irga	irguiera / irguiese
yergas / irgas	irguieras / irguieses
yerga / irga	irguiera / irguiese
yergamos / irgamos	irguiéramos / irguiésemos
yergáis / irgáis	irguierais / irguieseis
yergan / irgan	irguieran / irguiesen

Perfecto	Pluscuamperfecto
haya erguido	hubiera / hubiese erguido
hayas erguido	hubieras / -ieses erguido
haya erguido	hubiera / -iese erguido
hayamos erguido	hubiéramos / -iésemos erguido
hayáis erguido	hubierais / -ieseis erguido
hayan erguido	hubieran / -iesen erguido

Imperativo

	afirmativo	negativo
(tú)	yergue / irgue	no yergas / irgas
(usted)	yerga / irga	no yerga / irga
(nos.)	yergamos / irgamos	no yergamos / irgamos
(vos.)	erguid	no yergáis / irgáis
(ustedes)	yergan / irgan	no yergan / irgan

Infinitivo

simple	compuesto
erguir	haber erguido

Gerundio

simple	compuesto
irguiendo	habiendo erguido

Participio

erguido

Beispiele und Wendungen

El perro se irguió sobre las patas traseras.
Der Hund stellte sich auf die Hinterpfoten.

El edificio se yergue en el centro de Buenos Aires.
Das Gebäude erhebt sich im Zentrum von Buenos Aires.

El muro se erguía dividiendo la ciudad en dos.
Die Mauer ragte hoch auf und teilte die Stadt in zwei Hälften.

erguir el cuello	*den Hals recken*
erguirse en una silla	*sich gerade hinsetzen*

Besonderheiten

In den stammbetonten Formen dieses Verbs wird der Anfangsbuchstabe e- zu ye-: **ye**rgue... ye- steht hier anstelle des Diphthongs ie- (vgl. hierzu Wörter wie hierro oder hierba, die auch yerro, yerba geschrieben werden können).

Wie bei vielen anderen Verben der 3. Konjugation mit dem Stammvokal -e- (z. B. elegir, Nr. 33) wird im Indefinido das -e- in der 3. Person Singular und Plural zu -i-: **i**rguió, el**i**gió...

Die mit irg- beginnenden Formen des Presente de indicativo, Presente de subjuntivo und des Imperativs werden übrigens eher selten benutzt.

Tipp

Achten Sie bei allen Formen von erguir auf die Schreibweise des Lauts [g]:

Laut	Schreibung entsprechend der Vokalkombination				
[g]	**g**a	**gu**e	**gu**i	**g**o	**g**u

Das Partizip erguido ist regelmäßig und wird häufig als Adjektiv verwendet, z. B. sentarse erguido *aufrecht sitzen.*

hacer

machen, tun

Indicativo

Presente	Pretérito perfecto
hago	he hecho
haces	has hecho
hace	ha hecho
hacemos	hemos hecho
hacéis	habéis hecho
hacen	han hecho

Imperfecto	Pluscuamperfecto
hacía	había hecho
hacías	habías hecho
hacía	había hecho
hacíamos	habíamos hecho
hacíais	habíais hecho
hacían	habían hecho

Indefinido	Pretérito anterior
hice	hube hecho
hiciste	hubiste hecho
hizo	hubo hecho
hicimos	hubimos hecho
hicisteis	hubisteis hecho
hicieron	hubieron hecho

Futuro imp.	Futuro perfecto
haré	habré hecho
harás	habrás hecho
hará	habrá hecho
haremos	habremos hecho
haréis	habréis hecho
harán	habrán hecho

Condicional	Condicional comp.
haría	habría hecho
harías	habrías hecho
haría	habría hecho
haríamos	habríamos hecho
haríais	habríais hecho
harían	habrían hecho

Subjuntivo

Presente	Imperfecto
haga	hiciera / hiciese
hagas	hicieras / hicieses
haga	hiciera / hiciese
hagamos	hiciéramos / hiciésemos
hagáis	hicierais / hicieseis
hagan	hicieran / hiciesen

Perfecto	Pluscuamperfecto
haya hecho	hubiera / hubiese hecho
hayas hecho	hubieras / -ieses hecho
haya hecho	hubiera / -iese hecho
hayamos hecho	hubiéramos / -iésemos hecho
hayáis hecho	hubierais / -ieseis hecho
hayan hecho	hubieran / -iesen hecho

Imperativo

	afirmativo	negativo
(tú)	haz	no hagas
(usted)	haga	no haga
(nosotros)	hagamos	no hagamos
(vosotros)	haced	no hagáis
(ustedes)	hagan	no hagan

Infinitivo

simple	compuesto
hacer	haber hecho

Gerundio

simple	compuesto
haciendo	habiendo hecho

Participio

hecho

Beispiele und Wendungen

Ana está haciendo café.
Ana kocht gerade Kaffee.

En esta tienda hacen vestidos.
In diesem Laden werden Kleider genäht.

hace frío / calor	*es ist kalt / warm*
¿Te hace un café?	*Hast du Lust auf einen Kaffee?*
desde hace un año	*seit einem Jahr*
hace 3 días	*vor 3 Tagen*
hacerse el tonto	*den Dummen spielen*
hacerse con la victoria	*den Sieg erringen*

Weitere Verben

deshacer - rehacer

deshacer la maleta	*den Koffer auspacken*
deshacerse del coche	*das Auto loswerden*
deshacerse de nervios	*übernervös sein*
rehacer la vida	*einen neuen Anfang wagen*

Tipp

Verben, die in der 1. Person des Presente de indicativo unregelmäßig sind, ändern ihren Stamm auch bei der Bildung des Presente de subjuntivo und des Imperativs:
ha**g**-o → ha**g**a, qu**ie**r-o → qu**ie**ra, ven**g**-o → ven**g**a.

No creo que haga frío.
Ich glaube nicht, dass es kalt ist.

ir

gehen, fahren

Indicativo

Presente	Pretérito perfecto
voy	he ido
vas	has ido
va	ha ido
vamos	hemos ido
vais	habéis ido
van	han ido

Imperfecto	Pluscuamperfecto
iba	había ido
ibas	habías ido
iba	había ido
íbamos	habíamos ido
ibais	habíais ido
iban	habían ido

Indefinido	Pretérito anterior
fui	hube ido
fuiste	hubiste ido
fue	hubo ido
fuimos	hubimos ido
fuisteis	hubisteis ido
fueron	hubieron ido

Futuro imp.	Futuro perfecto
iré	habré ido
irás	habrás ido
irá	habrá ido
iremos	habremos ido
iréis	habréis ido
irán	habrán ido

Condicional	Condicional comp.
iría	habría ido
irías	habrías ido
iría	habría ido
iríamos	habríamos ido
iríais	habríais ido
irían	habrían ido

Subjuntivo

Presente	Imperfecto
vaya	fuera / fuese
vayas	fueras / fueses
vaya	fuera / fuese
vayamos	fuéramos / fuésemos
vayáis	fuerais / fueseis
vayan	fueran / fuesen

Perfecto	Pluscuamperfecto
haya ido	hubiera / hubiese ido
hayas ido	hubieras / -ieses ido
haya ido	hubiera / -iese ido
hayamos ido	hubiéramos / -iésemos ido
hayáis ido	hubierais / -ieseis ido
hayan ido	hubieran / -iesen ido

Imperativo

	afirmativo	negativo
(tú)	ve	no vayas
(usted)	vaya	no vaya
(nosotros)	vayamos	no vayamos
(vosotros)	id	no vayáis
(ustedes)	vayan	no vayan

Infinitivo

simple	compuesto
ir	haber ido

Gerundio

simple	compuesto
yendo	habiendo ido

Participio

ido

Beispiele und Wendungen

¿Vas tú también al cine esta tarde?
Gehst du heute Abend auch ins Kino?

Voy a comprarme un coche nuevo.
Ich werde mir ein neues Auto kaufen.

¡Ya voy!	*Ich gehe schon!*
Me voy.	*Ich gehe weg.*
Voy a comer.	*Ich werde gleich essen.*
Voy comiendo.	*Ich fange langsam an zu essen.*
¿De qué va la película?	*Worum geht es in dem Film?*

Besonderheiten

Das Verb ir in Verbindung mit a und einem nachfolgenden Infinitiv kann auch verwendet werden, um ein Vorhaben in der Zukunft auszudrücken:

Vamos a pasar un fin de semana en Barcelona.
Wir werden ein Wochenende in Barcelona verbringen.

Tipp

Lernen Sie ir immer mit den passenden Präpositionen, so werden Sie viele Fehler vermeiden:

- um die Richtung auszudrücken, wird stets a benutzt (und nie en!):
  voy **a** España, voy **a** Madrid, voy **a** la playa...
- en wird in Verbindung mit Verkehrsmitteln verwendet:
  voy **en** tren, voy **en** coche, voy **en** avión (Ausnahme: voy **a** pie).

Bei ser (Nr. 2) und ir sind die Formen des Indefinido gleich!

jugar

spielen

-u- → -ue- / -g- → -gu- (vor -e)

Indicativo

Presente	Pretérito perfecto
juego	he jugado
juegas	has jugado
juega	ha jugado
jugamos	hemos jugado
jugáis	habéis jugado
juegan	han jugado

Imperfecto	Pluscuamperfecto
jugaba	había jugado
jugabas	habías jugado
jugaba	había jugado
jugábamos	habíamos jugado
jugabais	habíais jugado
jugaban	habían jugado

Indefinido	Pretérito anterior
jugué	hube jugado
jugaste	hubiste jugado
jugó	hubo jugado
jugamos	hubimos jugado
jugasteis	hubisteis jugado
jugaron	hubieron jugado

Futuro imp.	Futuro perfecto
jugaré	habré jugado
jugarás	habrás jugado
jugará	habrá jugado
jugaremos	habremos jugado
jugaréis	habréis jugado
jugarán	habrán jugado

Condicional	Condicional comp.
jugaría	habría jugado
jugarías	habrías jugado
jugaría	habría jugado
jugaríamos	habríamos jugado
jugaríais	habríais jugado
jugarían	habrían jugado

Subjuntivo

Presente	Imperfecto
juegue	jugara / jugase
juegues	jugaras / jugases
juegue	jugara / jugase
juguemos	jugáramos / jugásemos
juguéis	jugarais / jugaseis
jueguen	jugaran / jugasen

Perfecto	Pluscuamperfecto
haya jugado	hubiera / hubiese jugado
hayas jugado	hubieras / -ieses jugado
haya jugado	hubiera / -iese jugado
hayamos jugado	hubiéramos / -iésemos jugado
hayáis jugado	hubierais / -ieseis jugado
hayan jugado	hubieran / -iesen jugado

Imperativo

	afirmativo	negativo
(tú)	juega	no juegues
(usted)	juegue	no juegue
(nosotros)	juguemos	no juguemos
(vosotros)	jugad	no juguéis
(ustedes)	jueguen	no jueguen

Infinitivo

simple	compuesto
jugar	haber jugado

Gerundio

simple	compuesto
jugando	habiendo jugado

Participio

jugado

Beispiele und Wendungen

¿Quieres jugar a las cartas?
Möchtest du Karten spielen?

¡Deja de jugar con las tijeras!
Hör auf, mit der Schere herumzuspielen!

jugar al fútbol / tenis	*Fußball / Tennis spielen*
jugar limpio / sucio	*fair / unfair spielen*
El tiempo juega a nuestro favor.	*Die Zeit arbeitet für uns.*
Con él no se juega.	*Mit ihm ist nicht zu scherzen.*
¿Qué te juegas?	*Wollen wir wetten?*
jugársela	*alles auf eine Karte setzen*

Besonderheiten

Dieser Verb weist sowohl eine orthographische Anpassung als auch eine Unregelmäßigkeit auf:
1. Das -g- wird zu -gu- vor -e, um die Aussprache des Stamms beizubehalten: ju**g**ar → ju**gu**emos.
2. Der Stammvokal -u- wird durch -ue- ersetzt, wenn die Betonung auf den Stamm fällt: j**ue**go, aber: j**u**gamos.

En mi tiempo libre juego al baloncesto.
In meiner Freizeit spiele ich Basketball.

Tipp

Erarbeiten Sie sich gleichzeitig die Wortfamilie dieses Verbs. Achten Sie auf die Aussprache und Schreibweise, damit Sie keinen Fehler bei -g- / -gu- machen: juguete *Spielzeug*, jugador *Spieler*, juguetería *Spielwarengeschäft*, juguetear *herumspielen*.

39 lucir

leuchten

-c- → -zc- (vor -a und -o)

Indicativo

Presente	Pretérito perfecto
luzco	he lucido
luces	has lucido
luce	ha lucido
lucimos	hemos lucido
lucís	habéis lucido
lucen	han lucido

Imperfecto	Pluscuamperfecto
lucía	había lucido
lucías	habías lucido
lucía	había lucido
lucíamos	habíamos lucido
lucíais	habíais lucido
lucían	habían lucido

Indefinido	Pretérito anterior
lucí	hube lucido
luciste	hubiste lucido
lució	hubo lucido
lucimos	hubimos lucido
lucisteis	hubisteis lucido
lucieron	hubieron lucido

Futuro imp.	Futuro perfecto
luciré	habré lucido
lucirás	habrás lucido
lucirá	habrá lucido
luciremos	habremos lucido
luciréis	habréis lucido
lucirán	habrán lucido

Condicional	Condicional comp.
luciría	habría lucido
lucirías	habrías lucido
luciría	habría lucido
luciríamos	habríamos lucido
luciríais	habríais lucido
lucirían	habrían lucido

Subjuntivo

Presente	Imperfecto
luzca	luciera / luciese
luzcas	lucieras / lucieses
luzca	luciera / luciese
luzcamos	luciéramos / luciésemos
luzcáis	lucierais / lucieseis
luzcan	lucieran / luciesen

Perfecto	Pluscuamperfecto
haya lucido	hubiera / hubiese lucido
hayas lucido	hubieras / -ieses lucido
haya lucido	hubiera / -iese lucido
hayamos lucido	hubiéramos / -iésemos lucido
hayáis lucido	hubierais / -ieseis lucido
hayan lucido	hubieran / -iesen lucido

Imperativo

	afirmativo	negativo
(tú)	luce	no luzcas
(usted)	luzca	no luzca
(nosotros)	luzcamos	no luzcamos
(vosotros)	lucid	no luzcáis
(ustedes)	luzcan	no luzcan

Infinitivo

simple	compuesto
lucir	haber lucido

Gerundio

simple	compuesto
luciendo	habiendo lucido

Participio

lucido

Beispiele und Wendungen

Era un día frío, pero el sol lucía.
Es war ein kalter Tag, aber die Sonne schien.

Cuando limpiamos el trabajo no luce.
Wenn wir putzen, zahlt sich die Mühe nicht aus.

¡Me he lucido!	*Ich habe mich schön blamiert!*
Se luce en las fiestas.	*Sie zeigt sich gern auf Festen.*
Este trabajo no luce.	*Diese Arbeit zahlt sich nicht aus.*

Weitere Verben

deslucir - relucir - traslucirse

El sofá desluce el salón.	*Das Sofa verunziert das Wohnzimmer.*
sacar a relucir	*zur Sprache bringen*

Besonderheiten

Diese Verben sind in der 1. Person des Presente de indicativo unregelmäßig: -c- wird zu -zc- vor Endungen, die mit -a oder -o beginnen: lu**c**ir → lu**zc**o...

Diese Unregelmäßigkeit findet sich auch bei der Bildung des Presente de subjuntivo und des Imperativs wieder: lu**zc**-o → lu**zc**-a:

Me gustaría que tu hermana luzca mi vestido en la boda.
Ich möchte, dass deine Schwester mein Kleid bei der Hochzeit trägt.

Tipp

Lernen Sie die Konjugation von lucir und conocer (Nr. 23) zusammen, sie sind sehr ähnlich!

mover

bewegen

-o- → -ue-

Indicativo

Presente	Pretérito perfecto
muevo	he movido
mueves	has movido
mueve	ha movido
movemos	hemos movido
movéis	habéis movido
mueven	han movido

Imperfecto	Pluscuamperfecto
movía	había movido
movías	habías movido
movía	había movido
movíamos	habíamos movido
movíais	habíais movido
movían	habían movido

Indefinido	Pretérito anterior
moví	hube movido
moviste	hubiste movido
movió	hubo movido
movimos	hubimos movido
movisteis	hubisteis movido
movieron	hubieron movido

Futuro imp.	Futuro perfecto
moveré	habré movido
moverás	habrás movido
moverá	habrá movido
moveremos	habremos movido
moveréis	habréis movido
moverán	habrán movido

Condicional	Condicional comp.
movería	habría movido
moverías	habrías movido
movería	habría movido
moveríamos	habríamos movido
moveríais	habríais movido
moverían	habrían movido

Subjuntivo

Presente	Imperfecto
mueva	moviera / moviese
muevas	movieras / movieses
mueva	moviera / moviese
movamos	moviéramos / moviésemos
mováis	movierais / movieseis
muevan	movieran / moviesen

Perfecto	Pluscuamperfecto
haya movido	hubiera / hubiese movido
hayas movido	hubieras / -ieses movido
haya movido	hubiera / -iese movido
hayamos movido	hubiéramos / -iésemos movido
hayáis movido	hubierais / -ieseis movido
hayan movido	hubieran / -iesen movido

Imperativo

	afirmativo	negativo
(tú)	mueve	no muevas
(usted)	mueva	no mueva
(nosotros)	movamos	no movamos
(vosotros)	moved	no mováis
(ustedes)	muevan	no muevan

Infinitivo

simple	compuesto
mover	haber movido

Gerundio

simple	compuesto
moviendo	habiendo movido

Participio

movido

Beispiele und Wendungen

Para poner aquí el armario, hay que mover la cama.
Um den Schrank hier hinstellen zu können, muss das Bett verschoben werden.

En esta universidad es imposible mover algo.
An dieser Universität ist es unmöglich, etwas zu bewegen.

mover a compasión	*Mitleid erregen*
mover a alguien a hacer algo	*jdn. dazu bringen, etwas zu tun*

Weitere Verben

absolver - conmover - demoler - desenvolver - devolver - disolver - doler - envolver - llover - morder - resolver - revolver - volver

desenvolverse bien	*gut zurechtkommen*
Me duele la cabeza.	*Ich habe Kopfschmerzen.*
Ha vuelto a casarse.	*Er hat wieder geheiratet.*

Besonderheiten

Bei diesen Verben wird das -o- in den stammbetonten Formen durch den Diphthong -ue- ersetzt: z. B. m**o**ver → m**ue**ve, aber: m**o**vemos.
Die Endungen sind jedoch die gleichen wie bei den regelmäßigen Verben.

Viele dieser Verben haben ein unregelmäßiges Partizip: absolver ↔ abs**uelto**, disolver ↔ dis**uelto**, envolver ↔ env**uelto**, resolver ↔ res**uelto**, revolver ↔ rev**uelto**, volver ↔ v**uelto**.

Tipp

Lernen Sie mover und contar (Nr. 25) parallel, da beide Verben die gleiche Unregelmäßigkeit aufweisen. Sie gehören allerdings zu verschiedenen Konjugationsgruppen.

nacer

-c- → -zc- (vor -a und -o)

geboren werden

Indicativo

Presente	Pretérito perfecto
nazco	he nacido
naces	has nacido
nace	ha nacido
nacemos	hemos nacido
nacéis	habéis nacido
nacen	han nacido

Imperfecto	Pluscuamperfecto
nacía	había nacido
nacías	habías nacido
nacía	había nacido
nacíamos	habíamos nacido
nacíais	habíais nacido
nacían	habían nacido

Indefinido	Pretérito anterior
nací	hube nacido
naciste	hubiste nacido
nació	hubo nacido
nacimos	hubimos nacido
nacisteis	hubisteis nacido
nacieron	hubieron nacido

Futuro imp.	Futuro perfecto
naceré	habré nacido
nacerás	habrás nacido
nacerá	habrá nacido
naceremos	habremos nacido
naceréis	habréis nacido
nacerán	habrán nacido

Condicional	Condicional comp.
nacería	habría nacido
nacerías	habrías nacido
nacería	habría nacido
naceríamos	habríamos nacido
naceríais	habríais nacido
nacerían	habrían nacido

Subjuntivo

Presente	Imperfecto
nazca	naciera / naciese
nazcas	nacieras / nacieses
nazca	naciera / naciese
nazcamos	naciéramos / naciésemos
nazcáis	nacierais / nacieseis
nazcan	nacieran / naciesen

Perfecto	Pluscuamperfecto
haya nacido	hubiera / hubiese nacido
hayas nacido	hubieras / -ieses nacido
haya nacido	hubiera / -iese nacido
hayamos nacido	hubiéramos / -iésemos nacido
hayáis nacido	hubierais / -ieseis nacido
hayan nacido	hubieran / -iesen nacido

Imperativo

afirmativo	negativo
—	—
—	—
—	—
—	—
—	—

Infinitivo

simple	compuesto
nacer	haber nacido

Gerundio

simple	compuesto
naciendo	habiendo nacido

Participio

nacido

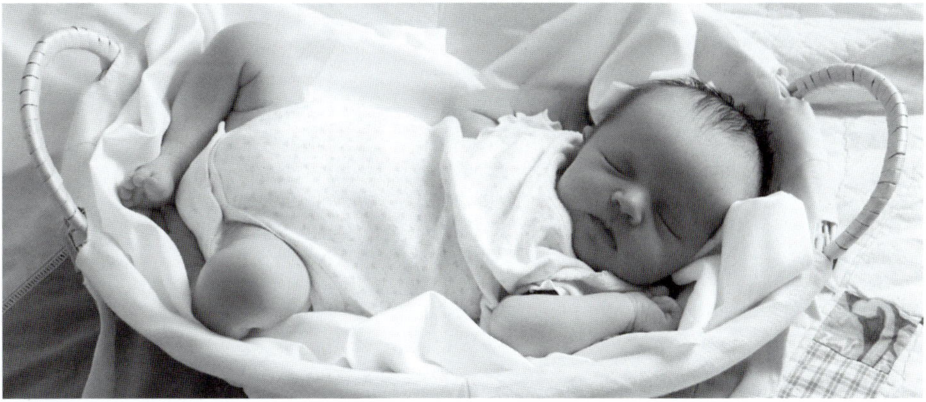

Beispiele und Wendungen

Nací el 23 de septiembre de 1965.
Ich bin am 23. September 1965 geboren.

Su hijo nacerá en casa.
Ihr Kind soll zu Hause zur Welt kommen.

Desde que cambió de trabajo, ha vuelto a nacer.
Seitdem er seine Arbeit gewechselt hat, ist er ein neuer Mensch.

nacer con estrella	*ein Sonntagskind sein*
haber nacido para la música	*ein geborener Musiker sein*

Weitere Verben

pacer - renacer

llevar a pacer las vacas	*die Kühe auf die Weide führen*
renacer de sus cenizas	*wie ein Phönix aus der Asche (auf)steigen*

Besonderheiten

Bei diesen Verben wird das -c- im Stamm vor den Vokalen -a und -o zu -zc-, d. h. in der 1. Person des Presente de indicativo und im ganzen Presente de subjuntivo:

Quiero que mi hijo nazca en mi país.
Ich möchte, dass mein Kind in meinem Land zur Welt kommt.

Bei pacer wird nur die 3. Person Singular und Plural konjugiert.

Tipp

Die Verben dieser Gruppe auf -acer werden genauso konjugiert wie die Verben auf -ecer (z. B. agradecer, Nr. 11) und -ocer (z. B. conocer, Nr. 23).

42 negar

verneinen

-e- → -ie- / -g- → -gu- (vor -e)

Indicativo

Presente	Pretérito perfecto
niego	he negado
niegas	has negado
niega	ha negado
negamos	hemos negado
negáis	habéis negado
niegan	han negado

Imperfecto	Pluscuamperfecto
negaba	había negado
negabas	habías negado
negaba	había negado
negábamos	habíamos negado
negabais	habíais negado
negaban	habían negado

Indefinido	Pretérito anterior
negué	hube negado
negaste	hubiste negado
negó	hubo negado
negamos	hubimos negado
negasteis	hubisteis negado
negaron	hubieron negado

Futuro imp.	Futuro perfecto
negaré	habré negado
negarás	habrás negado
negará	habrá negado
negaremos	habremos negado
negaréis	habréis negado
negarán	habrán negado

Condicional	Condicional comp.
negaría	habría negado
negarías	habrías negado
negaría	habría negado
negaríamos	habríamos negado
negaríais	habríais negado
negarían	habrían negado

Subjuntivo

Presente	Imperfecto
niegue	negara / negase
niegues	negaras / negases
niegue	negara / negase
neguemos	negáramos / negásemos
neguéis	negarais / negaseis
nieguen	negaran / negasen

Perfecto	Pluscuamperfecto
haya negado	hubiera / hubiese negado
hayas negado	hubieras / -ieses negado
haya negado	hubiera / -iese negado
hayamos negado	hubiéramos / -iésemos negado
hayáis negado	hubierais / -ieseis negado
hayan negado	hubieran / -iesen negado

Imperativo

	afirmativo	negativo
(tú)	niega	no niegues
(usted)	niegue	no niegue
(nosotros)	neguemos	no neguemos
(vosotros)	negad	no neguéis
(ustedes)	nieguen	no nieguen

Infinitivo

simple	compuesto
negar	haber negado

Gerundio

simple	compuesto
negando	habiendo negado

Participio

negado

Beispiele und Wendungen

El testigo negó conocer al sospechoso.
Der Zeuge verneinte, dass er den Verdächtigen kenne.

¿Quién puede negar que los precios han subido?
Es lässt sich nicht leugnen, dass die Preise gestiegen sind.

negar un crédito	*einen Kredit verweigern*
negarse a hacer algo	*sich weigern, etwas zu tun*

Weitere Verben

denegar - desplegar - fregar - plegar - regar - renegar - segar - sosegarse - trasegar

desplegar la camisa	*das Hemd auseinanderfalten*
fregar los platos	*Geschirr spülen*
fregar el suelo	*den Boden wischen*

Besonderheiten

Diese Gruppe von Verben weist sowohl eine orthographische Anpassung als auch eine Unregelmäßigkeit auf:
1. Das -g- wird zu -gu- vor -e, um die Aussprache des Stamms beizubehalten:
ne**g**ar → ne**gu**emos.
2. Der Stammvokal -e- wird durch -ie- ersetzt, wenn die Betonung auf den Stamm fällt:
n**e**gar → n**ie**go, aber: n**e**gamos.

Tipp

Lernen Sie negar und pensar (Nr. 47) zusammen, da beide Konjugationen - bis auf die Veränderung des -g- zu -gu- - identisch sind.

Indicativo

Presente	Pretérito perfecto
oigo	he oído
oyes	has oído
oye	ha oído
oímos	hemos oído
oís	habéis oído
oyen	han oído

Imperfecto	Pluscuamperfecto
oía	había oído
oías	habías oído
oía	había oído
oíamos	habíamos oído
oíais	habíais oído
oían	habían oído

Indefinido	Pretérito anterior
oí	hube oído
oíste	hubiste oído
oyó	hubo oído
oímos	hubimos oído
oísteis	hubisteis oído
oyeron	hubieron oído

Futuro imp.	Futuro perfecto
oiré	habré oído
oirás	habrás oído
oirá	habrá oído
oiremos	habremos oído
oiréis	habréis oído
oirán	habrán oído

Condicional	Condicional comp.
oiría	habría oído
oirías	habrías oído
oiría	habría oído
oiríamos	habríamos oído
oiríais	habríais oído
oirían	habrían oído

Subjuntivo

Presente	Imperfecto
oiga	oyera / oyese
oigas	oyeras / oyeses
oiga	oyera / oyese
oigamos	oyéramos / oyésemos
oigáis	oyerais / oyeseis
oigan	oyeran / oyesen

Perfecto	Pluscuamperfecto
haya oído	hubiera / hubiese oído
hayas oído	hubieras / -ieses oído
haya oído	hubiera / -iese oído
hayamos oído	hubiéramos / -iésemos oído
hayáis oído	hubierais / -ieseis oído
hayan oído	hubieran / -iesen oído

Imperativo

	afirmativo	negativo
(tú)	oye	no oigas
(usted)	oiga	no oiga
(nosotros)	oigamos	no oigamos
(vosotros)	oíd	no oigáis
(ustedes)	oigan	no oigan

Infinitivo

simple	compuesto
oír	haber oído

Gerundio

simple	compuesto
oyendo	habiendo oído

Participio

oído

Beispiele und Wendungen

Hay mucho ruido y no te oigo.
Es ist sehr laut und ich kann dich nicht hören.

He oído decir que llega un nuevo jefe.
Ich habe gehört, dass ein neuer Chef kommen soll.

¡Oye! — *Hör mal!*
¡Me va a oír! — *Der hört noch von mir!*
oír campanas y no saber dónde — *nicht wissen, was los ist*

Besonderheiten

Die 1. Person des Presente de indicativo von oír ist unregelmäßig: oigo.
Von dieser Form lassen sich das Presente de subjuntivo und der Imperativ ableiten:
oi**g**-o → oi**g**-a.

Wenn das -i- im Stamm betont wird, erhält es einen Akzent, um zu zeigen, dass es getrennt vom -o- ausgesprochen werden muss: o**í**mos, o**í**ste...

Außerdem wird das -i- des Stamms zu -y-, wenn ein Vokal folgt: oír → o**y**e. Grund dafür ist, dass eine Gruppe von drei Vokalen mit einem -i- in der Mitte im Spanischen nicht möglich ist, d. h. das -i- wird dann stets durch -y- ersetzt.

Für das Imperfecto de subjuntivo gilt auch hier die allgemeine Regel:
Ableitung von der 3. Person des Indefinido ohne -ron: oye-**ron** → oye-**ra**.

Tipp

Sicher haben Sie schon mal oye und oiga (wörtlich: *hör mal zu!* bzw. *hören Sie zu!*) gehört. Beide Formen werden wie im Deutschen *Hallo!* benutzt, um die Aufmerksamkeit auf sich zu lenken. Merken Sie sich diese Wörter gut, da es sich dabei um die 3. Person des Imperativs von oír handelt.

oler

riechen

o- → hue-

Indicativo

Presente	Pretérito perfecto
huelo	he olido
hueles	has olido
huele	ha olido
olemos	hemos olido
oléis	habéis olido
huelen	han olido

Imperfecto	Pluscuamperfecto
olía	había olido
olías	habías olido
olía	había olido
olíamos	habíamos olido
olíais	habíais olido
olían	habían olido

Indefinido	Pretérito anterior
olí	hube olido
oliste	hubiste olido
olió	hubo olido
olimos	hubimos olido
olisteis	hubisteis olido
olieron	hubieron olido

Futuro imp.	Futuro perfecto
oleré	habré olido
olerás	habrás olido
olerá	habrá olido
oleremos	habremos olido
oleréis	habréis olido
olerán	habrán olido

Condicional	Condicional comp.
olería	habría olido
olerías	habrías olido
olería	habría olido
oleríamos	habríamos olido
oleríais	habríais olido
olerían	habrían olido

Subjuntivo

Presente	Imperfecto
huela	oliera / oliese
huelas	olieras / olieses
huela	oliera / oliese
olamos	oliéramos / oliésemos
oláis	olierais / olieseis
huelan	olieran / oliesen

Perfecto	Pluscuamperfecto
haya olido	hubiera / hubiese olido
hayas olido	hubieras / -ieses olido
haya olido	hubiera / -iese olido
hayamos olido	hubiéramos / -iésemos olido
hayáis olido	hubierais / -ieseis olido
hayan olido	hubieran / -iesen olido

Imperativo

	afirmativo	negativo
(tú)	huele	no huelas
(usted)	huela	no huela
(nosotros)	olamos	no olamos
(vosotros)	oled	no oláis
(ustedes)	huelan	no huelan

Infinitivo

simple	compuesto
oler	haber olido

Gerundio

simple	compuesto
oliendo	habiendo olido

Participio

olido

Beispiele und Wendungen

Cuando entré en la cocina, olía a quemado.
Als ich in die Küche kam, roch es angebrannt.

El perfume huele muy bien.
Das Parfüm duftet sehr gut.

Ella olió el ramo de flores.
Sie roch an dem Blumenstrauß.

oler a rosas	*nach Rosen duften*
Esto me huele a chamusquina.	*Das kommt mir komisch / verdächtig vor.*
oler a tigre	*stinken*
Me huelo que...	*Ich habe den Eindruck, dass ...*

Besonderheiten

Beim Verb oler wird das o- in den stammbetonten Formen durch die Silbe hue- ersetzt. Die Endungen sind jedoch die gleichen wie bei den regelmäßigen Verben:

¡No quiero que toda la casa huela a pescado!
Ich möchte nicht, dass die ganze Wohnung nach Fisch riecht!

Tipp

Lernen Sie die Konjugation von oler und mover (Nr. 40) zusammen, da bei beiden Verben das -o- durch den Diphthong -ue- ersetzt wird und auch beide zur 2. Konjugation gehören. Vergessen Sie allerdings nicht das h- am Anfang des Verbs, wenn es zu dieser Änderung kommt.

Im Spanischen gibt es kein Wort, das mit ue- anfängt! Wörter, die mit dieser Silbe beginnen, werden stets mit h- geschrieben: **hue**vo, **hue**so...

pagar

bezahlen

-g- → -gu- (vor -e)

Indicativo

Presente	Pretérito perfecto
pago	he pagado
pagas	has pagado
paga	ha pagado
pagamos	hemos pagado
pagáis	habéis pagado
pagan	han pagado

Imperfecto	Pluscuamperfecto
pagaba	había pagado
pagabas	habías pagado
pagaba	había pagado
pagábamos	habíamos pagado
pagabais	habíais pagado
pagaban	habían pagado

Indefinido	Pretérito anterior
pagué	hube pagado
pagaste	hubiste pagado
pagó	hubo pagado
pagamos	hubimos pagado
pagasteis	hubisteis pagado
pagaron	hubieron pagado

Futuro imp.	Futuro perfecto
pagaré	habré pagado
pgarás	habrás pagado
pagará	habrá pagado
pagaremos	habremos pagado
pagaréis	habréis pagado
pagarán	habrán pagado

Condicional	Condicional comp.
pagaría	habría pagado
pagarías	habrías pagado
pagaría	habría pagado
pagaríamos	habríamos pagado
pagaríais	habríais pagado
pagarían	habrían pagado

Subjuntivo

Presente	Imperfecto
pague	pagara / pagase
pagues	pagaras / pagases
pague	pagara / pagase
paguemos	pagáramos / pagásemos
paguéis	pagarais / pagaseis
paguen	pagaran / pagasen

Perfecto	Pluscuamperfecto
haya pagado	hubiera / hubiese pagado
hayas pagado	hubieras / -ieses pagado
haya pagado	hubiera / -iese pagado
hayamos pagado	hubiéramos / -iésemos pagado
hayáis pagado	hubierais / -ieseis pagado
hayan pagado	hubieran / -iesen pagado

Imperativo

	afirmativo	negativo
(tú)	paga	no pagues
(usted)	pague	no pague
(nosotros)	paguemos	no paguemos
(vosotros)	pagad	no paguéis
(ustedes)	paguen	no paguen

Infinitivo

simple	compuesto
pagar	haber pagado

Gerundio

simple	compuesto
pagando	habiendo pagado

Participio

pagado

Beispiele und Wendungen

¿Has pagado ya la cuenta?
Hast du schon die Rechnung bezahlt?

La dejé que pagara la cena.
Ich erlaubte ihr, das Abendessen zu bezahlen.

pagar al contado / en metálico	*bar bezahlen*
pagar una condena	*eine Strafe verbüßen*
pagar a escote	*(Geld) zusammenlegen (um gemeinsam zu bezahlen)*

Weitere Verben

agregar – apagar – cargar – descargar – despegar – entregar – llegar – navegar – obligar – pegar – prolongar – tragar – vengarse

cargar en cuenta	*das Konto belasten*
descargar programas	*Programme herunterladen / downloaden*
obligar a alguien a algo	*jdn. zu etwas zwingen*
vengarse de alguien por algo	*sich an jdm. für etwas rächen*

Besonderheiten

Verben mit der Endung -gar müssen orthographisch angepasst werden, damit die Aussprache des Stamms erhalten bleibt. Daher wird -g- zu -gu- vor -e: pa**g**ar → pa**gu**emos. Ansonsten ist das Verb regelmäßig.

Tipp

Vergessen Sie nicht, dass das -u- in der Gruppe -gu- nicht ausgesprochen wird, es sei denn, es ist mit einem Trema (-ü-) versehen!

46 pedir

-e- → -i-

bitten, bestellen

Indicativo

Presente	Pretérito perfecto
pido	he pedido
pides	has pedido
pide	ha pedido
pedimos	hemos pedido
pedís	habéis pedido
piden	han pedido

Imperfecto	Pluscuamperfecto
pedía	había pedido
pedías	habías pedido
pedía	había pedido
pedíamos	habíamos pedido
pedíais	habíais pedido
pedían	habían pedido

Indefinido	Pretérito anterior
pedí	hube pedido
pediste	hubiste pedido
pidió	hubo pedido
pedimos	hubimos pedido
pedisteis	hubisteis pedido
pidieron	hubieron pedido

Futuro imp.	Futuro perfecto
pediré	habré pedido
pedirás	habrás pedido
pedirá	habrá pedido
pediremos	habremos pedido
pediréis	habréis pedido
pedirán	habrán pedido

Condicional	Condicional comp.
pediría	habría pedido
pedirías	habrías pedido
pediría	habría pedido
pediríamos	habríamos pedido
pediríais	habríais pedido
pedirían	habrían pedido

Subjuntivo

Presente	Imperfecto
pida	pidiera / pidiese
pidas	pidieras / pidieses
pida	pidiera / pidiese
pidamos	pidiéramos / pidiésemos
pidáis	pidierais / pidieseis
pidan	pidieran / pidiesen

Perfecto	Pluscuamperfecto
haya pedido	hubiera / hubiese pedido
hayas pedido	hubieras / -ieses pedido
haya pedido	hubiera / -iese pedido
hayamos pedido	hubiéramos / -iésemos pedido
hayáis pedido	hubierais / -ieseis pedido
hayan pedido	hubieran / -iesen pedido

Imperativo

	afirmativo	negativo
(tú)	pide	no pidas
(usted)	pida	no pida
(nosotros)	pidamos	no pidamos
(vosotros)	pedid	no pidáis
(ustedes)	pidan	no pidan

Infinitivo

simple	compuesto
pedir	haber pedido

Gerundio

simple	compuesto
pidiendo	habiendo pedido

Participio

pedido

pedir

bitten, bestellen

Beispiele und Wendungen

Piden 2000 euros por el cuadro.
Sie verlangen 2000 Euro für das Bild.

Os pido que lleguéis puntuales.
Ich bitte euch, pünktlich zu kommen.

pedir algo a alguien — *jdn. um etwas bitten*
¿Han pedido ya? — *Haben Sie schon bestellt?*

Weitere Verben

competir - concebir - derretir - despedir - expedir - impedir - investir - medir - rendirse - repetir - servir - vestirse

competir con alguien por algo — *mit jdm. um etwas konkurrieren*
¿Cuánto mides? — *Wie groß bist du?*
¿Quieres repetir? — *Möchtest du noch eine Portion (essen)?*
no servir para nada — *zu nichts taugen*
vestirse de blanco — *sich weiß / in Weiß kleiden*

Besonderheiten

Bei diesen Verben wird das -e- in den stammbetonten Formen des Präsens und des Imperativs durch -i- ersetzt: p**e**dir → p**i**de, p**i**da, aber: p**e**dimos, p**e**did...

Auch in der 3. Person Singular und Plural des Indefinido wird -e- zu -i-: p**i**dió, p**i**dieron, und damit ebenso beim Imperfecto de subjuntivo: p**i**diera...

Tipp
Denken Sie daran, dass das Imperfecto de subjuntivo aus der 3. Person des Indefinido ohne -ron gebildet wird: pidie-**ron** → pidie-**ra** / pidie-**se**.

pensar

denken

-e- → -ie-

Indicativo

Presente	Pretérito perfecto
pienso	he pensado
piensas	has pensado
piensa	ha pensado
pensamos	hemos pensado
pensáis	habéis pensado
piensan	han pensado

Imperfecto	Pluscuamperfecto
pensaba	había pensado
pensabas	habías pensado
pensaba	había pensado
pensábamos	habíamos pensado
pensabais	habíais pensado
pensaban	habían pensado

Indefinido	Pretérito anterior
pensé	hube pensado
pensaste	hubiste pensado
pensó	hubo pensado
pensamos	hubimos pensado
pensasteis	hubisteis pensado
pensaron	hubieron pensado

Futuro imp.	Futuro perfecto
pensaré	habré pensado
pensarás	habrás pensado
pensará	habrá pensado
pensaremos	habremos pensado
pensaréis	habréis pensado
pensarán	habrán pensado

Condicional	Condicional comp.
pensaría	habría pensado
pensarías	habrías pensado
pensaría	habría pensado
pensaríamos	habríamos pensado
pensaríais	habríais pensado
pensarían	habrían pensado

Subjuntivo

Presente	Imperfecto
piense	pensara / pensase
pienses	pensaras / pensases
piense	pensara / pensase
pensemos	pensáramos / pensásemos
penséis	pensarais / pensaseis
piensen	pensaran / pensasen

Perfecto	Pluscuamperfecto
haya pensado	hubiera / hubiese pensado
hayas pensado	hubieras / -ieses pensado
haya pensado	hubiera / -iese pensado
hayamos pensado	hubiéramos / -iésemos pensado
hayáis pensado	hubierais / -ieseis pensado
hayan pensado	hubieran / -iesen pensado

Imperativo

	afirmativo	negativo
(tú)	piensa	no pienses
(usted)	piense	no piense
(nosotros)	pensemos	no pensemos
(vosotros)	pensad	no penséis
(ustedes)	piensen	no piensen

Infinitivo

simple	compuesto
pensar	haber pensado

Gerundio

simple	compuesto
pensando	habiendo pensado

Participio

pensado

Beispiele und Wendungen

¿Qué piensas del nuevo jefe?
Was denkst du über den neuen Chef?

Tengo que pensar qué le puedo regalar.
Ich muss überlegen, was ich ihm schenken kann.

pensar en algo	*an etwas denken*
pensar hacer algo	*vorhaben, etwas zu tun; etwas tun wollen*
¡Ni lo pienses!	*Daran ist gar nicht zu denken!*
Lo hizo sin pensar.	*Sie machte es, ohne nachzudenken.*

Weitere Verben

apretar - atravesar - calentar - cerrar - despertar - encerrar - gobernar - merendar - nevar - recomendar - sentarse

¡No me calientes!	*Reg mich nicht auf!*
cerrar con llave	*abschließen*
¡Siéntese!	*Nehmen Sie Platz!*

Besonderheiten

In den stammbetonten Formen dieser Verben auf -ar wird das -e- durch den Diphthong -ie- ersetzt: p**e**nsar → p**ie**nso, aber: p**e**nsamos.
Die Endungen sind jedoch die gleichen wie bei den regelmäßigen Verben.

Pensar + Infinitiv kann verwendet werden, um - ebenso wie ir + Infinitiv - die nahe Zukunft auszudrücken:

Pensaba ir este fin de semana.
Ich wollte dieses Wochenende hingehen.

perder

verlieren

-e- → -ie-

Indicativo

Presente	Pretérito perfecto
pierdo	he perdido
pierdes	has perdido
pierde	ha perdido
perdemos	hemos perdido
perdéis	habéis perdido
pierden	han perdido

Imperfecto	Pluscuamperfecto
perdía	había perdido
perdías	habías perdido
perdía	había perdido
perdíamos	habíamos perdido
perdíais	habíais perdido
perdían	habían perdido

Indefinido	Pretérito anterior
perdí	hube perdido
perdiste	hubiste perdido
perdió	hubo perdido
perdimos	hubimos perdido
perdisteis	hubisteis perdido
perdieron	hubieron perdido

Futuro imp.	Futuro perfecto
perderé	habré perdido
perderás	habrás perdido
perderá	habrá perdido
perderemos	habremos perdido
perderéis	habréis perdido
perderán	habrán perdido

Condicional	Condicional comp.
perdería	habría perdido
perderías	habrías perdido
perdería	habría perdido
perderíamos	habríamos perdido
perderíais	habríais perdido
perderían	habrían perdido

Subjuntivo

Presente	Imperfecto
pierda	perdiera / perdiese
pierdas	perdieras / perdieses
pierda	perdiera / perdiese
perdamos	perdiéramos / perdiésemos
perdáis	perdierais / perdieseis
pierdan	perdieran / perdiesen

Perfecto	Pluscuamperfecto
haya perdido	hubiera / hubiese perdido
hayas perdido	hubieras / -ieses perdido
haya perdido	hubiera / -iese perdido
hayamos perdido	hubiéramos / -iésemos perdido
hayáis perdido	hubierais / -ieseis perdido
hayan perdido	hubieran / -iesen perdido

Imperativo

	afirmativo	negativo
(tú)	pierde	no pierdas
(usted)	pierda	no pierda
(nosotros)	perdamos	no perdamos
(vosotros)	perded	no perdáis
(ustedes)	pierdan	no pierdan

Infinitivo

simple	compuesto
perder	haber perdido

Gerundio

simple	compuesto
perdiendo	habiendo perdido

Participio

perdido

Beispiele und Wendungen

No tienes nada que perder.
Du hast nichts zu verlieren.

Ha perdido cinco kilos.
Er hat fünf Kilo abgenommen.

Me he perdido.	*Ich habe mich verlaufen.*
¡No te lo pierdas!	*Verpass es nicht!*
perder en salud	*die Gesundheit vernachlässigen*

Weitere Verben

ascender - atender - defenderse - descender - encender - entender - extender - tender - trascender - verter

¿Le atienden?	*Werden Sie schon bedient?*
defenderse de algo / alguien	*sich vor etwas schützen, sich gegen jdn. verteidigen*
encender la luz	*das Licht anmachen*

Besonderheiten

Bei diesen Verben auf -er wird das -e- in den stammbetonten Formen des Präsens und des Imperativs durch den Diphthong -ie- ersetzt. Die Endungen sind jedoch die gleichen wie bei den regelmäßigen Verben: p**e**rder → p**ie**rdo, p**ie**rda...

Tipp

Lernen Sie die Verben perder und pensar (Nr. 47) gleichzeitig, da beide die gleiche Unregelmäßigkeit aufweisen. Sie gehören jedoch zu verschiedenen Konjugationsgruppen, haben also unterschiedliche Endungen!

placer

gefallen

-c- → -zc- (vor -a und -o)

Indicativo

Presente	Pretérito perfecto
plazco	he placido
places	has placido
place	ha placido
placemos	hemos placido
placéis	habéis placido
placen	han placido

Imperfecto	Pluscuamperfecto
placía	había placido
placías	habías placido
placía	había placido
placíamos	habíamos placido
placíais	habíais placido
placían	habían placido

Indefinido	Pretérito anterior
plací	hube placido
placiste	hubiste placido
plació / plugo	hubo placido
placimos	hubimos placido
placisteis	hubisteis placido
placieron / pluguieron	hubieron placido

Futuro imp.	Futuro perfecto
placeré	habré placido
placerás	habrás placido
placerá	habrá placido
placeremos	habremos placido
placeréis	habréis placido
placerán	habrán placido

Condicional	Condicional comp.
placería	habría placido
placerías	habrías placido
placería	habría placido
placeríamos	habríamos placido
placeríais	habríais placido
placerían	habrían placido

Subjuntivo

Presente	Imperfecto
plazca	placiera / placiese
plazcas	placieras / placieses
plazca / plegue	placiera / placiese
plazcamos	placiéramos / placiésemos
plazcáis	placierais / placieseis
plazcan	placieran / placiesen

Perfecto	Pluscuamperfecto
haya placido	hubiera / hubiese placido
hayas placido	hubieras / -ieses placido
haya placido	hubiera / -iese placido
hayamos placido	hubiéramos / -iésemos placido
hayáis placido	hubierais / -ieseis placido
hayan placido	hubieran / -iesen placido

Imperativo

	afirmativo	negativo
(tú)	place	no plazcas
(usted)	plazca	no plazca
(nosotros)	plazcamos	no plazcamos
(vosotros)	placed	no plazcáis
(ustedes)	plazcan	no plazcan

Infinitivo

simple	compuesto
placer	haber placido

Gerundio

simple	compuesto
placiendo	habiendo placido

Participio

placido

Beispiele und Wendungen

Como siempre, hará lo que le plazca.
Wie immer wird er das tun, wozu er Lust hat.

Como a todos los viejos, le placía ver pasear a los niños.
Wie allen Alten gefiel es ihm, den Kindern beim Spazierengehen zuzusehen.

algo place a alguien	*etwas gefällt jdm.*

Weitere Verben

complacer

Me complace comunicarle...	*Es freut mich, Ihnen mitzuteilen ...*
Sólo quiere complacerte.	*Er möchte dich nur zufrieden stellen.*

Besonderheiten

Bei diesen beiden Verben wird das -c- im Stamm vor den Vokalen -a und -o zu -zc-, d. h. in der 1. Person des Presente de indicativo und im gesamten Presente de subjuntivo:

Iré donde me plazca.
Ich gehe, wohin es mir gefällt.

Neben plació und placieron kann man in literarischen Texten auch die archaischen Formen plugo und pluguieron finden, die in mittelalterlichem und klassischem Spanisch üblich waren.

Tipp
Diese beiden Verben werden – bis auf die Alternativformen – genauso konjugiert wie nacer (Nr. 41) und die Verben auf -ecer (Nr. 11, agradecer) und -ocer (Nr. 23, conocer).

50 **poder**

können, dürfen

-o- → -ue-, -u-

Indicativo

Presente	Pretérito perfecto
puedo	he podido
puedes	has podido
puede	ha podido
podemos	hemos podido
podéis	habéis podido
pueden	han podido

Imperfecto	Pluscuamperfecto
podía	había podido
podías	habías podido
podía	había podido
podíamos	habíamos podido
podíais	habíais podido
podían	habían podido

Indefinido	Pretérito anterior
pude	hube podido
pudiste	hubiste podido
pudo	hubo podido
pudimos	hubimos podido
pudisteis	hubisteis podido
pudieron	hubieron podido

Futuro imp.	Futuro perfecto
podré	habré podido
podrás	habrás podido
podrá	habrá podido
podremos	habremos podido
podréis	habréis podido
podrán	habrán podido

Condicional	Condicional comp.
podría	habría podido
podrías	habrías podido
podría	habría podido
podríamos	habríamos podido
podríais	habríais podido
podrían	habrían podido

Subjuntivo

Presente	Imperfecto
pueda	pudiera / pudiese
puedas	pudieras / pudieses
pueda	pudiera / pudiese
podamos	pudiéramos / pudiésemos
podáis	pudierais / pudieseis
puedan	pudieran / pudiesen

Perfecto	Pluscuamperfecto
haya podido	hubiera / hubiese podido
hayas podido	hubieras / -ieses podido
haya podido	hubiera / -iese podido
hayamos podido	hubiéramos / -iésemos podido
hayáis podido	hubierais / -ieseis podido
hayan podido	hubieran / -iesen podido

Imperativo

	afirmativo	negativo
(tú)	puede	no puedas
(usted)	pueda	no pueda
(nosotros)	podamos	no podamos
(vosotros)	poded	no podáis
(ustedes)	puedan	no puedan

Infinitivo

simple	compuesto
poder	haber podido

Gerundio

simple	compuesto
pudiendo	habiendo podido

Participio

podido

Beispiele und Wendungen

¿Puedes ayudarme, por favor?
Kannst du mir bitte helfen?

No puedo comer dulces, porque soy diabético.
Ich darf keine Süßigkeiten essen, weil ich Diabetiker bin.

¿Se puede?	*Darf ich (reinkommen)?*
Puede que venga.	*Es kann sein, dass er kommt.*
No puedo verlo.	*Ich kann ihn nicht ertragen.*
¿Has podido comprarlo?	*Hast du geschafft, es zu kaufen?*

Besonderheiten

Die Formen dieses wichtigen Verbs sollten Sie am besten auswendig lernen. Systematisch aufgeschlüsselt lassen sich 3 Unregelmäßigkeiten feststellen:
1. In den stammbetonten Formen des Präsens und des Imperativs findet man eine Vokalveränderung -o- zu -ue-, ganz genau wie bei contar (Nr. 25):
poder → p**ue**do, p**ue**da…
2. Im Indefinido wird -o- zu -u- (p**u**de, p**u**diste…), und somit auch im Imperfecto de subjuntivo (p**u**diera…) und beim Gerundio (p**u**diendo).
3. An den Stamm des Futuro imperfecto und Condicional werden die normalen regelmäßigen Endungen ohne das -e- angefügt: pod-~~e~~ré, pod-~~e~~ría…

Tipp

Achtung! Dem deutschen Verb *können* entsprechen im Spanischen die Verben poder und saber, je nachdem, ob es sich um eine Möglichkeit, Fähigkeit oder Erlaubnis handelt:

¿Puedes venir mañana?	*Kannst du morgen kommen?*
¿Sabes bailar salsa?	*Kannst du Salsa tanzen?*
¿Puedo aparcar aquí?	*Kann / Darf ich hier parken?*

51 poner

setzen, stellen, legen

Indicativo

Presente	Pretérito perfecto
pongo	he puesto
pones	has puesto
pone	ha puesto
ponemos	hemos puesto
ponéis	habéis puesto
ponen	han puesto

Imperfecto	Pluscuamperfecto
ponía	había puesto
ponías	habías puesto
ponía	había puesto
poníamos	habíamos puesto
poníais	habíais puesto
ponían	habían puesto

Indefinido	Pretérito anterior
puse	hube puesto
pusiste	hubiste puesto
puso	hubo puesto
pusimos	hubimos puesto
pusisteis	hubisteis puesto
pusieron	hubieron puesto

Futuro imp.	Futuro perfecto
pondré	habré puesto
pondrás	habrás puesto
pondrá	habrá puesto
pondremos	habremos puesto
pondréis	habréis puesto
pondrán	habrán puesto

Condicional	Condicional comp.
pondría	habría puesto
pondrías	habrías puesto
pondría	habría puesto
pondríamos	habríamos puesto
pondríais	habríais puesto
pondrían	habrían puesto

Subjuntivo

Presente	Imperfecto
ponga	pusiera / pusiese
pongas	pusieras / pusieses
ponga	pusiera / pusiese
pongamos	pusiéramos / pusiésemos
pongáis	pusierais / pusieseis
pongan	pusieran / pusiesen

Perfecto	Pluscuamperfecto
haya puesto	hubiera / hubiese puesto
hayas puesto	hubieras / -ieses puesto
haya puesto	hubiera / -iese puesto
hayamos puesto	hubiéramos / -iésemos puesto
hayáis puesto	hubierais / -ieseis puesto
hayan puesto	hubieran / -iesen puesto

Imperativo

	afirmativo	negativo
(tú)	pon	no pongas
(usted)	ponga	no ponga
(nosotros)	pongamos	no pongamos
(vosotros)	poned	no pongáis
(ustedes)	pongan	no pongan

Infinitivo

simple	compuesto
poner	haber puesto

Gerundio

simple	compuesto
poniendo	habiendo puesto

Participio

puesto

Beispiele und Wendungen

¿Dónde has puesto la maleta?
Wohin hast du den Koffer gestellt?

La noticia me puso de mal humor.
Die Nachricht versetzte mich in schlechte Laune.

Póngame con el Sr. ...	*Verbinden Sie mich bitte mit Herrn ...*
poner al día	*aktualisieren, auf den neuesten Stand bringen*
ponerse perdido	*sich schmutzig machen*
ponerse a llorar	*anfangen zu weinen*

Weitere Verben

componer - deponer - descomponerse - disponer - exponer - imponer - interponer - oponer - posponer - proponer - suponer

disponer de dinero	*über Geld verfügen*
disponerse a llamar	*im Begriff sein anzurufen*
¡Me opongo!	*Ich bin dagegen!*

Besonderheiten

Bei diesen unregelmäßigen Verben sind vor allem drei Punkte zu beachten:
1. Die 1. Person des Presente de indicativo bekommt ein -g- zwischen Stamm und Endung eingeschoben: pon**g**o. Von dieser Form lassen sich das Presente de subjuntivo und der Imperativ ableiten: pon**g**-o → pon**g**-a.
2. Im Indefinido wird -od- zu -us- (p**us**e, p**us**ieron...), und somit auch im Imperfecto de subjuntivo (p**us**iera...).
3. Im Futuro imperfecto und Condicional werden unregelmäßige Endungen zum Stamm hinzugefügt, denn das -e- am Anfang der normalen regelmäßigen Endungen wird durch ein -d- ersetzt: pon-**d**ré, pon-**d**ría...

poseer

besitzen

-i- → -y- (zwischen zwei Vokalen)

Indicativo

Presente	Pretérito perfecto
poseo	he poseído
posees	has poseído
posee	ha poseído
poseemos	hemos poseído
poseéis	habéis poseído
poseen	han poseído

Imperfecto	Pluscuamperfecto
poseía	había poseído
poseías	habías poseído
poseía	había poseído
poseíamos	habíamos poseído
poseíais	habíais poseído
poseían	habían poseído

Indefinido	Pretérito anterior
poseí	hube poseído
poseíste	hubiste poseído
poseyó	hubo poseído
poseímos	hubimos poseído
poseísteis	hubisteis poseído
poseyeron	hubieron poseído

Futuro imp.	Futuro perfecto
poseeré	habré poseído
poseerás	habrás poseído
poseerá	habrá poseído
poseeremos	habremos poseído
poseeréis	habréis poseído
poseerán	habrán poseído

Condicional	Condicional comp.
poseería	habría poseído
poseerías	habrías poseído
poseería	habría poseído
poseeríamos	habríamos poseído
poseeríais	habríais poseído
poseerían	habrían poseído

Subjuntivo

Presente	Imperfecto
posea	poseyera / poseyese
poseas	poseyeras / poseyeses
posea	poseyera / poseyese
poseamos	poseyéramos / poseyésemos
poseáis	poseyerais / poseyeseis
posean	poseyeran / poseyesen

Perfecto	Pluscuamperfecto
haya poseído	hubiera / hubiese poseído
hayas poseído	hubieras / -ieses poseído
haya poseído	hubiera / -iese poseído
hayamos poseído	hubiéramos / -iésemos poseído
hayáis poseído	hubierais / -ieseis poseído
hayan poseído	hubieran / -iesen poseído

Imperativo

	afirmativo	negativo
(tú)	posee	no poseas
(usted)	posea	no posea
(nosotros)	poseamos	no poseamos
(vosotros)	poseed	no poseáis
(ustedes)	posean	no posean

Infinitivo

simple	compuesto
poseer	haber poseído

Gerundio

simple	compuesto
poseyendo	habiendo poseído

Participio

poseído

Beispiele und Wendungen

Su familia posee una casa en Venecia.
Seine Familie besitzt ein Haus in Venedig.

Ha heredado todo lo que su padre poseía.
Sie hat alles geerbt, was ihr Vater besaß.

poseer un don especial	*eine besondere Begabung haben*
poseer a alguien	*jdn. vergewaltigen*

Weitere Verben

creer - desposeer - desproveer - leer - proveer - releer - sobreseer

creer en Dios	*an Gott glauben*
leer en voz alta	*vorlesen*
proveer de alimentos	*mit Lebensmitteln versorgen*

Besonderheiten

Die Formen der 3. Person Singular und Plural des Indefinido dieser Verben haben aus orthographischen Gründen in den Endungen kein -i-, sondern ein -y-: pose**y**ó, pose**y**eron…

Von der 3. Person Plural des Indefinido wird das Imperfecto de subjuntivo abgeleitet, daher findet sich auch hier die gleiche orthographische Veränderung:
pose**y**e-ron → pose**y**e-ra / pose**y**e-se…

Tipp

Eine Gruppe von drei Vokalen, bei der ein -i- in der Mitte steht, existiert in der spanischen Orthographie – aus phonetischen Gründen – nicht. Normalerweise wird dieses -i- zu -y-. Vgl. die Konjugation von caer (Nr. 19).

53 prohibir

-i- → -í-

verbieten

Indicativo

Presente	Pretérito perfecto
prohíbo	he prohibido
prohíbes	has prohibido
prohíbe	ha prohibido
prohibimos	hemos prohibido
prohibís	habéis prohibido
prohíben	han prohibido

Imperfecto	Pluscuamperfecto
prohibía	había prohibido
prohibías	habías prohibido
prohibía	había prohibido
prohibíamos	habíamos prohibido
prohibíais	habíais prohibido
prohibían	habían prohibido

Indefinido	Pretérito anterior
prohibí	hube prohibido
prohibiste	hubiste prohibido
prohibió	hubo prohibido
prohibimos	hubimos prohibido
prohibisteis	hubisteis prohibido
prohibieron	hubieron prohibido

Futuro imp.	Futuro perfecto
prohibiré	habré prohibido
prohibirás	habrás prohibido
prohibirá	habrá prohibido
prohibiremos	habremos prohibido
prohibiréis	habréis prohibido
prohibirán	habrán prohibido

Condicional	Condicional comp.
prohibiría	habría prohibido
prohibirías	habrías prohibido
prohibiría	habría prohibido
prohibiríamos	habríamos prohibido
prohibiríais	habríais prohibido
prohibirían	habrían prohibido

Subjuntivo

Presente	Imperfecto
prohíba	prohibiera / prohibiese
prohíbas	prohibieras / prohibieses
prohíba	prohibiera / prohibiese
prohibamos	prohibiéramos / prohibiésemos
prohibáis	prohibierais / prohibieseis
prohíban	prohibieran / prohibiesen

Perfecto	Pluscuamperfecto
haya prohibido	hubiera / hubiese prohibido
hayas prohibido	hubieras / -ieses prohibido
haya prohibido	hubiera / -iese prohibido
hayamos prohibido	hubiéramos / -iésemos prohibido
hayáis prohibido	hubierais / -ieseis prohibido
hayan prohibido	hubieran / -iesen prohibido

Imperativo

	afirmativo	negativo
(tú)	prohíbe	no prohíbas
(usted)	prohíba	no prohíba
(nosotros)	prohibamos	no prohibamos
(vosotros)	prohibid	no prohibáis
(ustedes)	prohíban	no prohíban

Infinitivo

simple	compuesto
prohibir	haber prohibido

Gerundio

simple	compuesto
prohibiendo	habiendo prohibido

Participio

prohibido

Beispiele und Wendungen

En España han prohibido fumar en los bares.
In Spanien hat man das Rauchen in Bars verboten.

Le prohibió volver a verla.
Sie untersagte ihm, sie nochmals zu treffen.

¡Prohibido fumar!	*Rauchen verboten!*
prohibir un libro	*ein Buch verbieten*

Weitere Verben

cohibir

cohibir con amenazas	*mit Drohungen einschüchtern*
cohibirse	*den Mut verlieren*

Besonderheiten

Diese beiden Verben werden im Grunde völlig regelmäßig konjugiert, sie weisen lediglich eine orthographische Variante auf. Denn das -i- im Stamm bekommt in den Formen einen Akzent (-í-), in denen es betont wird: prohíbo, prohíbes... Dieser zeigt an, dass -o- und -i- zu zwei verschiedenen Silben gehören und daher getrennt ausgesprochen werden müssen.

Vergleichen Sie die Aussprache von Wörtern wie voy und doy, in denen beide Vokale in einer Silbe ausgesprochen werden, und pro<u>hí</u>bo und prohi<u>bi</u>mos, wo sie zu zwei verschiedenen Silben gehören.

Tipp
Vergessen Sie nicht, dass das h im Spanischen nie ausgesprochen wird!

querer

wollen, lieben

Indicativo

Presente	Pretérito perfecto
quiero	he querido
quieres	has querido
quiere	ha querido
queremos	hemos querido
queréis	habéis querido
quieren	han querido

Imperfecto	Pluscuamperfecto
quería	había querido
querías	habías querido
quería	había querido
queríamos	habíamos querido
queríais	habíais querido
querían	habían querido

Indefinido	Pretérito anterior
quise	hube querido
quisiste	hubiste querido
quiso	hubo querido
quisimos	hubimos querido
quisisteis	hubisteis querido
quisieron	hubieron querido

Futuro imp.	Futuro perfecto
querré	habré querido
querrás	habrás querido
querrá	habrá querido
querremos	habremos querido
querréis	habréis querido
querrán	habrán querido

Condicional	Condicional comp.
querría	habría querido
querrías	habrías querido
querría	habría querido
querríamos	habríamos querido
querríais	habríais querido
querrían	habrían querido

Subjuntivo

Presente	Imperfecto
quiera	quisiera / quisiese
quieras	quisieras / quisieses
quiera	quisiera / quisiese
queramos	quisiéramos / quisiésemos
queráis	quisierais / quisieseis
quieran	quisieran / quisiesen

Perfecto	Pluscuamperfecto
haya querido	hubiera / hubiese querido
hayas querido	hubieras / -ieses querido
haya querido	hubiera / -iese querido
hayamos querido	hubiéramos / -iésemos querido
hayáis querido	hubierais / -ieseis querido
hayan querido	hubieran / -iesen querido

Imperativo

	afirmativo	negativo
(tú)	quiere	no quieras
(usted)	quiera	no quiera
(nosotros)	queramos	no queramos
(vosotros)	quered	no queráis
(ustedes)	quieran	no quieran

Infinitivo

simple	compuesto
querer	haber querido

Gerundio

simple	compuesto
queriendo	habiendo querido

Participio

querido

Beispiele und Wendungen

¿Qué queréis tomar?
Was möchtet ihr trinken?

¿Cuánto quiere por este bolso?
Wie viel wollen Sie für diese Tasche?

¿Qué quiere decir *Schauspieler*?
Was bedeutet „Schauspieler"?

¿Qué quieres que haga?	*Was soll ich denn tun?*
Como quieras.	*Wie du willst.*
sin querer	*ohne Absicht, unabsichtlich*
quieras que no	*ob du magst oder nicht*

Besonderheiten

Bei querer sind drei Unregelmäßigkeiten zu beachten:
1. Die Vokalveränderung -e- zu -ie- findet man in den stammbetonten Formen des Presente de indicativo und subjuntivo sowie des Imperativs:
qu**e**rer → qu**ie**ro, qu**ie**ra...
2. Im Indefinido wird -er- zu -is- (qu**is**e, qu**is**ieron...), und somit auch im Imperfecto de subjuntivo (qu**is**iera...).
3. Im Futuro imperfecto und Condicional werden die normalen regelmäßigen Endungen an den Stamm quer- angefügt: **quer**-ré, **quer**-ría...

Tipp

Lernen Sie die Verben zusammen, bei denen das Indefinido unregelmäßig ist, z. B. querer, poder (Nr. 50), poner (Nr. 51) und estar (Nr. 3). Sie haben immer die gleichen Endungen, die an einen unregelmäßigen Stamm angehängt werden müssen:
quis-, **pud-**, **pus-**, **estuv-** + -e, -iste, -o, -imos, -isteis, -ieron.

rehusar

-u- → -ú-

ablehnen

Indicativo

Presente	Pretérito perfecto
rehúso	he rehusado
rehúsas	has rehusado
rehúsa	ha rehusado
rehusamos	hemos rehusado
rehusáis	habéis rehusado
rehúsan	han rehusado

Imperfecto	Pluscuamperfecto
rehusaba	había rehusado
rehusabas	habías rehusado
rehusaba	había rehusado
rehusábamos	habíamos rehusado
rehusabais	habíais rehusado
rehusaban	habían rehusado

Indefinido	Pretérito anterior
rehusé	hube rehusado
rehusaste	hubiste rehusado
rehusó	hubo rehusado
rehusamos	hubimos rehusado
rehusasteis	hubisteis rehusado
rehusaron	hubieron rehusado

Futuro imp.	Futuro perfecto
rehusaré	habré rehusado
rehusarás	habrás rehusado
rehusará	habrá rehusado
rehusaremos	habremos rehusado
rehusaréis	habréis rehusado
rehusarán	habrán rehusado

Condicional	Condicional comp.
rehusaría	habría rehusado
rehusarías	habrías rehusado
rehusaría	habría rehusado
rehusaríamos	habríamos rehusado
rehusaríais	habríais rehusado
rehusarían	habrían rehusado

Subjuntivo

Presente	Imperfecto
rehúse	rehusara / rehusase
rehúses	rehusaras / rehusases
rehúse	rehusara / rehusase
rehusemos	rehusáramos / rehusásemos
rehuséis	rehusarais / rehusaseis
rehúsen	rehusaran / rehusasen

Perfecto	Pluscuamperfecto
haya rehusado	hubiera / hubiese rehusado
hayas rehusado	hubieras / -ieses rehusado
haya rehusado	hubiera / -iese rehusado
hayamos rehusado	hubiéramos / -iésemos rehusado
hayáis rehusado	hubierais / -ieseis rehusado
hayan rehusado	hubieran / -iesen rehusado

Imperativo

	afirmativo	negativo
(tú)	rehúsa	no rehúses
(usted)	rehúse	no rehúse
(nosotros)	rehusemos	no rehusemos
(vosotros)	rehusad	no rehuséis
(ustedes)	rehúsen	no rehúsen

Infinitivo

simple	compuesto
rehusar	haber rehusado

Gerundio

simple	compuesto
rehusando	habiendo rehusado

Participio

rehusado

Beispiele und Wendungen

El jefe rehusó la invitación.
Der Chef lehnte die Einladung ab.

Los estudiantes rehusaron aceptar las condiciones.
Die Studenten weigerten sich, die Bedingungen zu akzeptieren.

rehusado	*Annahme verweigert*
rehusar una propuesta	*einen Vorschlag ablehnen*

Weitere Verben

ahumar - aullar - aunar - maullar - reunir

salmón ahumado	*geräucherter Lachs*
aullar a la luna	*den Mond anheulen*
aunar esfuerzos	*gemeinsame Anstrengungen machen*
reunir las condiciones	*die Voraussetzungen erfüllen*
Nos reunimos en mi casa.	*Wir treffen uns bei mir.*

Besonderheiten

Bei allen diesen Verben wird das -u- im Stamm in den Formen mit einem Akzent versehen, in denen es betont ist: re**hú**so, aber: rehu**sa**ba.

Das Verb reunir weist zwar die gleiche orthographische Variante auf, gehört aber zur dritten Konjugationsgruppe.

Tipp

Wenn Sie diese Konjugation lernen, versuchen Sie, die Formen sowohl laut zu sprechen (um sich die richtige Betonung zu merken) als auch zu schreiben (um das -h- nicht zu vergessen).

reír

lachen

Indicativo

Presente	Pretérito perfecto
río	he reído
ríes	has reído
ríe	ha reído
reímos	hemos reído
reís	habéis reído
ríen	han reído

Imperfecto	Pluscuamperfecto
reía	había reído
reías	habías reído
reía	había reído
reíamos	habíamos reído
reíais	habíais reído
reían	habían reído

Indefinido	Pretérito anterior
reí	hube reído
reíste	hubiste reído
rio	hubo reído
reímos	hubimos reído
reísteis	hubisteis reído
rieron	hubieron reído

Futuro imp.	Futuro perfecto
reiré	habré reído
reirás	habrás reído
reirá	habrá reído
reiremos	habremos reído
reiréis	habréis reído
reirán	habrán reído

Condicional	Condicional comp.
reiría	habría reído
reirías	habrías reído
reiría	habría reído
reiríamos	habríamos reído
reiríais	habríais reído
reirían	habrían reído

Subjuntivo

Presente	Imperfecto
ría	riera / riese
rías	rieras / rieses
ría	riera / riese
riamos	riéramos / riésemos
riais	rierais / rieseis
rían	rieran / riesen

Perfecto	Pluscuamperfecto
haya reído	hubiera / hubiese reído
hayas reído	hubieras / -ieses reído
haya reído	hubiera / -iese reído
hayamos reído	hubiéramos / -iésemos reído
hayáis reído	hubierais / -ieseis reído
hayan reído	hubieran / -iesen reído

Imperativo

	afirmativo	negativo
(tú)	ríe	no rías
(usted)	ría	no ría
(nosotros)	riamos	no riamos
(vosotros)	reíd	no riais
(ustedes)	rían	no rían

Infinitivo

simple	compuesto
reír	haber reído

Gerundio

simple	compuesto
riendo	habiendo reído

Participio

reído

Beispiele und Wendungen

Todos se rieron de su ignorancia.
Alle lachten über seine Unwissenheit.

Siempre le río las bromas.
Ich lache immer über seine Scherze.

¡No me hagas reír!	*Mach dich nicht lächerlich!*
reírse a carcajadas	*aus vollem Hals lachen*
reírle las bromas al jefe	*über die Scherze des Chefs lachen*

Weitere Verben

deleír - engreírse - freír - sofreír - sonreír

mandar a alguien a freír espárragos	*jdn. zum Teufel schicken*
Le sonríe la fortuna.	*Das Glück ist auf seiner / ihrer Seite.*

Besonderheiten

Bei diesen Verben wird das -e- in den stammbetonten Formen des Presente de indicativo, im ganzen Presente de subjuntivo und im Imperativ durch -i- ersetzt: r**e**ír → r**í**e, r**í**es...
Das -i- bekommt zudem einen Akzent, wenn es betont wird.
Auch in der 3. Person Singular und Plural des Indefinido wird -e- zu -i- (r**i**o, r**i**eron), und damit auch beim Imperfecto de subjuntivo (r**i**era...).

Seit der spanischen Rechtschreibreform 1999 werden die 3. Person Singular des Indefinido (rio) und die 2. Person Plural des Presente de subjuntivo (riais) übrigens nicht mehr mit Akzent geschrieben.

Freír und sofreír haben zwei Formen für das Partizip, eine regelmäßige (freído, sofreído) und eine unregelmäßige (frito, sofrito). Als Adjektiv werden nur die unregelmäßigen Formen verwendet: He freído / frito calamares, aber: calamares fritos.

streiten, schelten

Indicativo

Presente	Pretérito perfecto
riño	he reñido
riñes	has reñido
riñe	ha reñido
reñimos	hemos reñido
reñís	habéis reñido
riñen	han reñido

Imperfecto	Pluscuamperfecto
reñía	había reñido
reñías	habías reñido
reñía	había reñido
reñíamos	habíamos reñido
reñíais	habíais reñido
reñían	habían reñido

Indefinido	Pretérito anterior
reñí	hube reñido
reñiste	hubiste reñido
riñó	hubo reñido
reñimos	hubimos reñido
reñisteis	hubisteis reñido
riñeron	hubieron reñido

Futuro imp.	Futuro perfecto
reñiré	habré reñido
reñirás	habrás reñido
reñirá	habrá reñido
reñiremos	habremos reñido
reñiréis	habréis reñido
reñirán	habrán reñido

Condicional	Condicional comp.
reñiría	habría reñido
reñirías	habrías reñido
reñiría	habría reñido
reñiríamos	habríamos reñido
reñiríais	habríais reñido
reñirían	habrían reñido

Subjuntivo

Presente	Imperfecto
riña	riñera / riñese
riñas	riñeras / riñeses
riña	riñera / riñese
riñamos	riñéramos / riñésemos
riñáis	riñerais / riñeseis
riñan	riñeran / riñesen

Perfecto	Pluscuamperfecto
haya reñido	hubiera / hubiese reñido
hayas reñido	hubieras / -ieses reñido
haya reñido	hubiera / -iese reñido
hayamos reñido	hubiéramos / -iésemos reñido
hayáis reñido	hubierais / -ieseis reñido
hayan reñido	hubieran / -iesen reñido

Imperativo

	afirmativo	negativo
(tú)	riñe	no riñas
(usted)	riña	no riña
(nosotros)	riñamos	no riñamos
(vosotros)	reñid	no riñáis
(ustedes)	riñan	no riñan

Infinitivo

simple	compuesto
reñir	haber reñido

Gerundio

simple	compuesto
riñendo	habiendo reñido

Participio

reñido

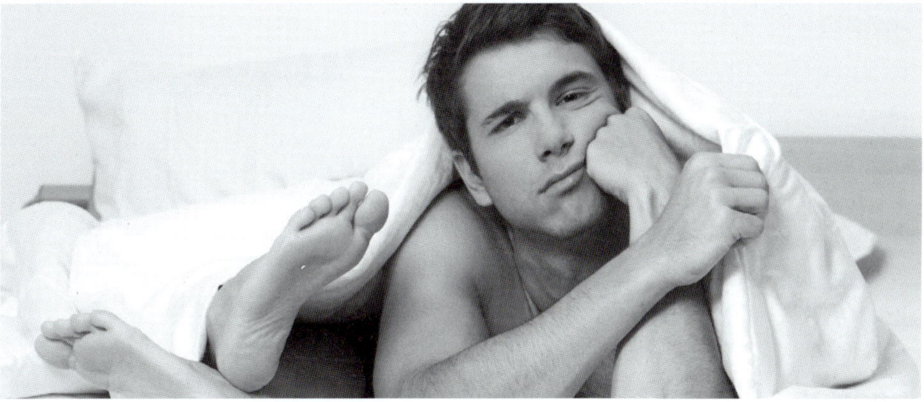

Beispiele und Wendungen

Ha reñido con su novio.
Sie hat mit ihrem Freund Schluss gemacht.

El profesor lo riñó por llegar tarde.
Der Lehrer schimpfte mit ihm, weil er zu spät gekommen war.

reñir a un niño	*mit einem Kind schimpfen*
reñir con un amigo	*mit einem Freund streiten*

Weitere Verben

ceñir - constreñir - desteñir - teñir

constreñir a alguien a algo	*jdn. zu etwas zwingen*

Besonderheiten

Auch bei diesen Verben wird das -e- in den stammbetonten Formen des Presente de indicativo, im ganzen Presente de subjuntivo und im Imperativ durch -i- ersetzt:
r**e**ñir → r**i**ño, r**i**ña...
In der 3. Person Singular und Plural des Indefinido wird -e- ebenfalls zu -i- (r**i**ñó, r**i**ñeron...), das Imperfecto de subjuntivo weist in allen Personen die gleiche Unregelmäßigkeit auf (r**i**ñera...).

Die Endungen, die mit einem -i- anfangen und keinen anderen Vokal in derselben Silbe enthalten, verlieren dieses -i- aus phonetischen Gründen: riñ-**ó**, riñ-**e**ron, riñ-**e**ndo.

Tipp
Die Konjugationsformen der Verben reñir und pedir (Nr. 46) sind sehr ähnlich, so dass man sie gut miteinander lernen kann. Verschieden gebildet werden nur die 3. Person Singular und Plural des Indefinido und das Gerundio.

rogar

bitten

-o- → -ue- / -g- → -gu- (vor -e)

Indicativo

Presente	Pretérito perfecto
ruego	he rogado
ruegas	has rogado
ruega	ha rogado
rogamos	hemos rogado
rogáis	habéis rogado
ruegan	han rogado

Imperfecto	Pluscuamperfecto
rogaba	había rogado
rogabas	habías rogado
rogaba	había rogado
rogábamos	habíamos rogado
rogabais	habíais rogado
rogaban	habían rogado

Indefinido	Pretérito anterior
rogué	hube rogado
rogaste	hubiste rogado
rogó	hubo rogado
rogamos	hubimos rogado
rogasteis	hubisteis rogado
rogaron	hubieron rogado

Futuro imp.	Futuro perfecto
rogaré	habré rogado
rogarás	habrás rogado
rogará	habrá rogado
rogaremos	habremos rogado
rogaréis	habréis rogado
rogarán	habrán rogado

Condicional	Condicional comp.
rogaría	habría rogado
rogarías	habrías rogado
rogaría	habría rogado
rogaríamos	habríamos rogado
rogaríais	habríais rogado
rogarían	habrían rogado

Subjuntivo

Presente	Imperfecto
ruegue	rogara / rogase
ruegues	rogaras / rogases
ruegue	rogara / rogase
roguemos	rogáramos / rogásemos
roguéis	rogarais / rogaseis
rueguen	rogaran / rogasen

Perfecto	Pluscuamperfecto
haya rogado	hubiera / hubiese rogado
hayas rogado	hubieras / -ieses rogado
haya rogado	hubiera / -iese rogado
hayamos rogado	hubiéramos / -iésemos rogado
hayáis rogado	hubierais / -ieseis rogado
hayan rogado	hubieran / -iesen rogado

Imperativo

	afirmativo	negativo
(tú)	ruega	no ruegues
(usted)	ruegue	no ruegue
(nosotros)	roguemos	no roguemos
(vosotros)	rogad	no roguéis
(ustedes)	rueguen	no rueguen

Infinitivo

simple	compuesto
rogar	haber rogado

Gerundio

simple	compuesto
rogando	habiendo rogado

Participio

rogado

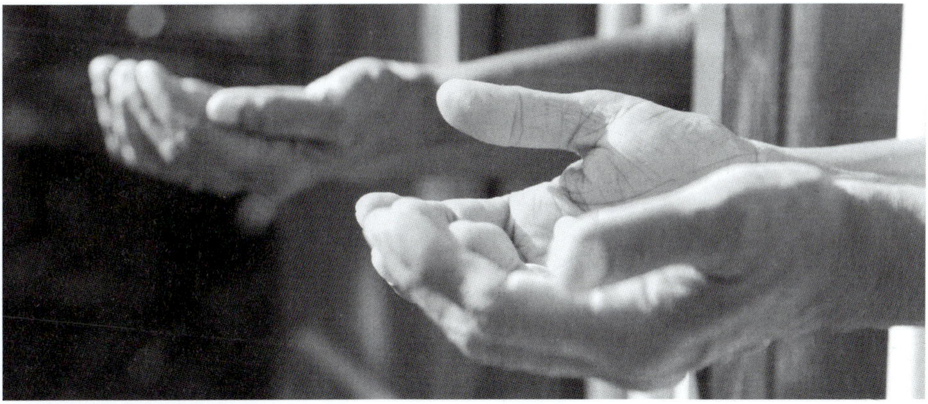

Beispiele und Wendungen

Te ruego que me ayudes.
Hilf mir, bitte.

Les ruego me comuniquen su decisión lo antes posible.
Ich bitte Sie, mir Ihre Entscheidung so bald wie möglich mitzuteilen.

hacerse de rogar	*sich bitten lassen*
¡Ruega por nosotros!	*Bitte für uns!*

Weitere Verben

colgar – descolgar – holgar

colgar el teléfono	*(den Telefonhörer) auflegen*
colgar fotos en Internet	*Bilder im Internet hochladen*
El ordenador se ha colgado.	*Der Computer hat sich aufgehängt.*

Besonderheiten

Bei diesen Verben wird das -o- in den stammbetonten Formen durch den Diphthong -ue- ersetzt. Die Endungen sind jedoch die gleichen wie bei den regelmäßigen Verben:
c**o**lgar → c**ue**lgo, c**ue**lgas...

Um die Aussprache des Stamms beibehalten zu können, wird zudem bei einigen Formen dieser Verben -g- zu -gu- vor -e:

Descuelgue el teléfono y marque un número.
Nehmen Sie den Hörer ab und wählen Sie eine Nummer.

Tipp
Lernen Sie diese Konjugation und die von contar (Nr. 25) gleichzeitig. Beide haben die gleiche Unregelmäßigkeit, bei rogar und colgar müssen Sie jedoch zusätzlich auf die orthographische Anpassung achten!

59 saber

wissen, können

Indicativo

Presente	Pretérito perfecto
sé	he sabido
sabes	has sabido
sabe	ha sabido
sabemos	hemos sabido
sabéis	habéis sabido
saben	han sabido

Imperfecto	Pluscuamperfecto
sabía	había sabido
sabías	habías sabido
sabía	había sabido
sabíamos	habíamos sabido
sabíais	habíais sabido
sabían	habían sabido

Indefinido	Pretérito anterior
supe	hube sabido
supiste	hubiste sabido
supo	hubo sabido
supimos	hubimos sabido
supisteis	hubisteis sabido
supieron	hubieron sabido

Futuro imp.	Futuro perfecto
sabré	habré sabido
sabrás	habrás sabido
sabrá	habrá sabido
sabremos	habremos sabido
sabréis	habréis sabido
sabrán	habrán sabido

Condicional	Condicional comp.
sabría	habría sabido
sabrías	habrías sabido
sabría	habría sabido
sabríamos	habríamos sabido
sabríais	habríais sabido
sabrían	habrían sabido

Subjuntivo

Presente	Imperfecto
sepa	supiera / supiese
sepas	supieras / supieses
sepa	supiera / supiese
sepamos	supiéramos / supiésemos
sepáis	supierais / supieseis
sepan	supieran / supiesen

Perfecto	Pluscuamperfecto
haya sabido	hubiera / hubiese sabido
hayas sabido	hubieras / -ieses sabido
haya sabido	hubiera / -iese sabido
hayamos sabido	hubiéramos / -iésemos sabido
hayáis sabido	hubierais / -ieseis sabido
hayan sabido	hubieran / -iesen sabido

Imperativo

	afirmativo	negativo
(tú)	sabe	no sepas
(usted)	sepa	no sepa
(nosotros)	sepamos	no sepamos
(vosotros)	sabed	no sepáis
(ustedes)	sepan	no sepan

Infinitivo

simple	compuesto
saber	haber sabido

Gerundio

simple	compuesto
sabiendo	habiendo sabido

Participio

sabido

Beispiele und Wendungen

No sé si llegaré a tiempo.
Ich weiß nicht, ob ich pünktlich ankommen werde.

Mi madre sabe inglés y francés.
Meine Mutter kann Englisch und Französisch.

Mi madre sabe mucho de arte.
Meine Mutter kennt sich in der Kunst sehr gut aus.

Lo supo por su hermano.
Er hat es von seinem Bruder erfahren.

Me sabe raro. — *Es schmeckt (mir) komisch.*
Me sabe mal llegar tarde. — *Es gefällt mir nicht, spät anzukommen.*
que yo sepa... — *soweit ich weiß ...*

Besonderheiten

Die Unregelmäßigkeiten von saber lassen sich in vier Gruppen einteilen:
1. Die 1. Person des Presente de indicativo heißt sé.
2. Das Presente de subjuntivo wird nicht wie üblich von der 1. Person des Presente de indicativo abgeleitet. Die Endungen werden vielmehr an den unregelmäßigen Stamm sep- angefügt: **sep**-a, **sep**-as...
3. Im Indefinido wird -ab- zu -up- (s**ab**er → s**up**e, s**up**ieron...), somit auch im Imperfecto de subjuntivo (s**up**iera...).
4. Im Futuro imperfecto und Condicional werden die normalen regelmäßigen Endungen ohne -e- zum Stamm hinzugefügt: sab-~~e~~ré, sab-~~e~~ría...

Tipp

Die 1. Person des Presente de indicativo trägt einen so genannten Unterscheidungs-akzent (sé), um nicht mit dem Personalpronomen se verwechselt zu werden.

salir

-l- → -lg-

ausgehen, starten

Indicativo

Presente	Pretérito perfecto
salgo	he salido
sales	has salido
sale	ha salido
salimos	hemos salido
salís	habéis salido
salen	han salido

Imperfecto	Pluscuamperfecto
salía	había salido
salías	habías salido
salía	había salido
salíamos	habíamos salido
salíais	habíais salido
salían	habían salido

Indefinido	Pretérito anterior
salí	hube salido
saliste	hubiste salido
salió	hubo salido
salimos	hubimos salido
salisteis	hubisteis salido
salieron	hubieron salido

Futuro imp.	Futuro perfecto
saldré	habré salido
saldrás	habrás salido
saldrá	habrá salido
saldremos	habremos salido
saldréis	habréis salido
saldrán	habrán salido

Condicional	Condicional comp.
saldría	habría salido
saldrías	habrías salido
saldría	habría salido
saldríamos	habríamos salido
saldríais	habríais salido
saldrían	habrían salido

Subjuntivo

Presente	Imperfecto
salga	saliera / saliese
salgas	salieras / salieses
salga	saliera / saliese
salgamos	saliéramos / saliésemos
salgáis	salierais / salieseis
salgan	salieran / saliesen

Perfecto	Pluscuamperfecto
haya salido	hubiera / hubiese salido
hayas salido	hubieras / -ieses salido
haya salido	hubiera / -iese salido
hayamos salido	hubiéramos / -iésemos salido
hayáis salido	hubierais / -ieseis salido
hayan salido	hubieran / -iesen salido

Imperativo

	afirmativo	negativo
(tú)	sal	no salgas
(usted)	salga	no salga
(nosotros)	salgamos	no salgamos
(vosotros)	salid	no salgáis
(ustedes)	salgan	no salgan

Infinitivo

simple	compuesto
salir	haber salido

Gerundio

simple	compuesto
saliendo	habiendo salido

Participio

salido

Beispiele und Wendungen

Ahora mismo salgo de casa.
Ich gehe gleich von zu Hause weg.

El niño ha salido a su padre.
Das Kind kommt ganz nach seinem Vater.

El autobús sale a las 8.	*Der Bus fährt um 8 Uhr ab.*
salir a la luz	*ans Licht kommen*
salirse con la suya	*seinen Kopf durchsetzen*

Weitere Verben

sobresalir

sobresalir en inteligencia	*sich durch Intelligenz auszeichnen*

Besonderheiten

In der 1. Person des Presente de indicativo von salir wird ein -g- zwischen Stamm und Endung eingeschoben: sal**g**o. Von dieser Form lassen sich auch das Presente de subjuntivo und der Imperativ ableiten: sal**g**-o → sal**g**-a.

Im Futuro imperfecto und Condicional werden nicht die normalen regelmäßigen Endungen zum Stamm hinzugefügt. Vielmehr entfällt das -i- der Endungen, an seiner Stelle wird ein -d- eingefügt: sal-**d**ré, sal-**d**ría...

Tipp

Denken Sie daran, dass die Formen des Presente de subjuntivo und des Imperativo negativo bei allen Verben identisch sind!

Futuro imperfecto und Condicional von salir werden übrigens ähnlich wie bei poder (Nr. 50) gebildet: sal-**d**ré, podré; sal-**d**ría, podría.

61 satisfacer

befriedigen, zufrieden stellen

Indicativo

Presente	Pretérito perfecto
satisfago	he satisfecho
satisfaces	has satisfecho
satisface	ha satisfecho
satisfacemos	hemos satisfecho
satisfacéis	habéis satisfecho
satisfacen	han satisfecho

Imperfecto	Pluscuamperfecto
satisfacía	había satisfecho
satisfacías	habías satisfecho
satisfacía	había satisfecho
satisfacíamos	habíamos satisfecho
satisfacíais	habíais satisfecho
satisfacían	habían satisfecho

Indefinido	Pretérito anterior
satisfice	hube satisfecho
satisficiste	hubiste satisfecho
satisfizo	hubo satisfecho
satisficimos	hubimos satisfecho
satisficisteis	hubisteis satisfecho
satisficieron	hubieron satisfecho

Futuro imp.	Futuro perfecto
satisfaré	habré satisfecho
satisfarás	habrás satisfecho
satisfará	habrá satisfecho
satisfaremos	habremos satisfecho
satisfaréis	habréis satisfecho
satisfarán	habrán satisfecho

Condicional	Condicional comp.
satisfaría	habría satisfecho
satisfarías	habrías satisfecho
satisfaría	habría satisfecho
satisfaríamos	habríamos satisfecho
satisfaríais	habríais satisfecho
satisfarían	habrían satisfecho

Subjuntivo

Presente	Imperfecto
satisfaga	satisficiera / satisficiese
satisfagas	satisficieras / satisficieses
satisfaga	satisficiera / satisficiese
satisfagamos	satisficiéramos / satisficiésemos
satisfagáis	satisficierais / satisficieseis
satisfagan	satisficieran / satisficiesen

Perfecto	Pluscuamperfecto
haya satisfecho	hubiera / hubiese satisfecho
hayas satisfecho	hubieras / -ieses satisfecho
haya satisfecho	hubiera / -iese satisfecho
hayamos satisfecho	hubiéramos / -iésemos satisfecho
hayáis satisfecho	hubierais / -ieseis satisfecho
hayan satisfecho	hubieran / -iesen satisfecho

Imperativo

	afirmativo	negativo
(tú)	satisfaz / -face	no satisfagas
(usted)	satisfaga	no satisfaga
(nosotros)	satisfagamos	no satisfagamos
(vosotros)	satisfaced	no satisfagáis
(ustedes)	satisfagan	no satisfagan

Infinitivo

simple	compuesto
satisfacer	haber satisfecho

Gerundio

simple	compuesto
satisfaciendo	habiendo satisfecho

Participio

satisfecho

satisfacer

befriedigen, zufrieden stellen

Beispiele und Wendungen

Nuestro deseo es satisfacer a nuestros clientes.
Unser Wunsch ist es, unsere Kunden zufrieden zu stellen.

Satisface todos los caprichos de sus nietos.
Er erfüllt seinen Enkelkindern jeden Wunsch.

No han encontrado una solución que les satisfaga.
Sie haben keine Lösung gefunden, mit der sie zufrieden sein können.

satisfacer la demanda	*die Nachfrage decken*
satisfacer los requisitos	*die Voraussetzungen erfüllen*
Nada le satisface.	*Er ist mit nichts zufrieden.*

Besonderheiten

Dieses Verb weist viele Unregelmäßigkeiten auf. Die wichtigsten lassen sich in drei Gruppen einteilen:
1. Die 1. Person Singular des Presente de indicativo bekommt ein -g- zwischen Stamm und Endung eingeschoben: satisfa**g**o.
Von dieser Form lässt sich auch das Presente de subjuntivo ableiten: satisfa**g**-o → satisfa**g**-a.
2. Im Indefinido wird -ac- zu -ic- bzw. -iz- (satisf**ic**e, satisf**iz**o...), und somit auch im Imperfecto de subjuntivo (satisf**ic**iera...).
3. Im Futuro imperfecto und Condicional werden die regelmäßigen Endungen zum Stamm hinzugefügt, in diesen Zeiten verschwindet jedoch das -c- im Stamm:
satisfa~~c~~-ré, satisfa~~c~~-ría...

Tipp
Das Verb satisfacer wird von hacer (Nr. 36) abgeleitet, daher werden beide Verben ganz genau gleich konjugiert. Allerdings hat satisfacer zwei Formen für die 2. Person Imperativ: satisfaz und satisface.

62 seguir

folgen, fortfahren

-e- → -i- / -gu- → -g- (vor -a und -o)

Indicativo

Presente	Pretérito perfecto
sigo	he seguido
sigues	has seguido
sigue	ha seguido
seguimos	hemos seguido
seguís	habéis seguido
siguen	han seguido

Imperfecto	Pluscuamperfecto
seguía	había seguido
seguías	habías seguido
seguía	había seguido
seguíamos	habíamos seguido
seguíais	habíais seguido
seguían	habían seguido

Indefinido	Pretérito anterior
seguí	hube seguido
seguiste	hubiste seguido
siguió	hubo seguido
seguimos	hubimos seguido
seguisteis	hubisteis seguido
siguieron	hubieron seguido

Futuro imp.	Futuro perfecto
seguiré	habré seguido
seguirás	habrás seguido
seguirá	habrá seguido
seguiremos	habremos seguido
seguiréis	habréis seguido
seguirán	habrán seguido

Condicional	Condicional comp.
seguiría	habría seguido
seguirías	habrías seguido
seguiría	habría seguido
seguiríamos	habríamos seguido
seguiríais	habríais seguido
seguirían	habrían seguido

Subjuntivo

Presente	Imperfecto
siga	siguiera / siguiese
sigas	siguieras / siguieses
siga	siguiera / siguiese
sigamos	siguiéramos / siguiésemos
sigáis	siguierais / siguieseis
sigan	siguieran / siguiesen

Perfecto	Pluscuamperfecto
haya seguido	hubiera / hubiese seguido
hayas seguido	hubieras / -ieses seguido
haya seguido	hubiera / -iese seguido
hayamos seguido	hubiéramos / -iésemos seguido
hayáis seguido	hubierais / -ieseis seguido
hayan seguido	hubieran / -iesen seguido

Imperativo

	afirmativo	negativo
(tú)	sigue	no sigas
(usted)	siga	no siga
(nosotros)	sigamos	no sigamos
(vosotros)	seguid	no sigáis
(ustedes)	sigan	no sigan

Infinitivo

simple	compuesto
seguir	haber seguido

Gerundio

simple	compuesto
siguiendo	habiendo seguido

Participio

seguido

Beispiele und Wendungen

Creo que alguien nos sigue.
Ich glaube, jemand verfolgt uns.

Para instalar el programa, siga las instrucciones.
Um das Programm zu installieren, befolgen Sie die Anweisungen.

seguir un curso de alemán	*einen Deutschkurs besuchen*
Sigue fumando.	*Er raucht weiterhin.*
Sigo con dolor de cabeza.	*Ich habe immer noch Kopfschmerzen.*
seguir la moda	*mit der Mode gehen*

Weitere Verben

conseguir - perseguir - proseguir

¡Lo conseguí!	*Ich habe es geschafft!*
perseguir un objetivo	*ein Ziel verfolgen*
Él prosigue con su proyecto.	*Er führt das Projekt fort.*

Besonderheiten

Bei diesen Verben wird das -e- in den stammbetonten Formen des Presente de indicativo und im gesamten Presente de subjuntivo durch -i- ersetzt:
s**e**guir → s**i**gue.

Auch in der 3. Person Singular und Plural des Indefinido wird -e- zu -i- (s**i**guió, s**i**guieron...), und damit ebenso im Imperfecto de subjuntivo (s**i**guiera...).

Tipp

Diese Verben werden wie pedir (Nr. 46) konjugiert, weisen aber zusätzlich eine orthographische Anpassung auf: -gu- wird zu -g- vor den Vokalen -a und -o.

63 sentir

-e- → -ie-, -i-

fühlen, bedauern

Indicativo

Presente	Pretérito perfecto
siento	he sentido
sientes	has sentido
siente	ha sentido
sentimos	hemos sentido
sentís	habéis sentido
sienten	han sentido

Imperfecto	Pluscuamperfecto
sentía	había sentido
sentías	habías sentido
sentía	había sentido
sentíamos	habíamos sentido
sentíais	habíais sentido
sentían	habían sentido

Indefinido	Pretérito anterior
sentí	hube sentido
sentiste	hubiste sentido
sintió	hubo sentido
sentimos	hubimos sentido
sentisteis	hubisteis sentido
sintieron	hubieron sentido

Futuro imp.	Futuro perfecto
sentiré	habré sentido
sentirás	habrás sentido
sentirá	habrá sentido
sentiremos	habremos sentido
sentiréis	habréis sentido
sentirán	habrán sentido

Condicional	Condicional comp.
sentiría	habría sentido
sentirías	habrías sentido
sentiría	habría sentido
sentiríamos	habríamos sentido
sentiríais	habríais sentido
sentirían	habrían sentido

Subjuntivo

Presente	Imperfecto
sienta	sintiera / sintiese
sientas	sintieras / sintieses
sienta	sintiera / sintiese
sintamos	sintiéramos / sintiésemos
sintáis	sintierais / sintieseis
sientan	sintieran / sintiesen

Perfecto	Pluscuamperfecto
haya sentido	hubiera / hubiese sentido
hayas sentido	hubieras / -ieses sentido
haya sentido	hubiera / -iese sentido
hayamos sentido	hubiéramos / -iésemos sentido
hayáis sentido	hubierais / -ieseis sentido
hayan sentido	hubieran / -iesen sentido

Imperativo

	afirmativo	negativo
(tú)	siente	no sientas
(usted)	sienta	no sienta
(nosotros)	sintamos	no sintamos
(vosotros)	sentid	no sintáis
(ustedes)	sientan	no sientan

Infinitivo

simple	compuesto
sentir	haber sentido

Gerundio

simple	compuesto
sintiendo	habiendo sentido

Participio

sentido

sentir

fühlen, bedauern

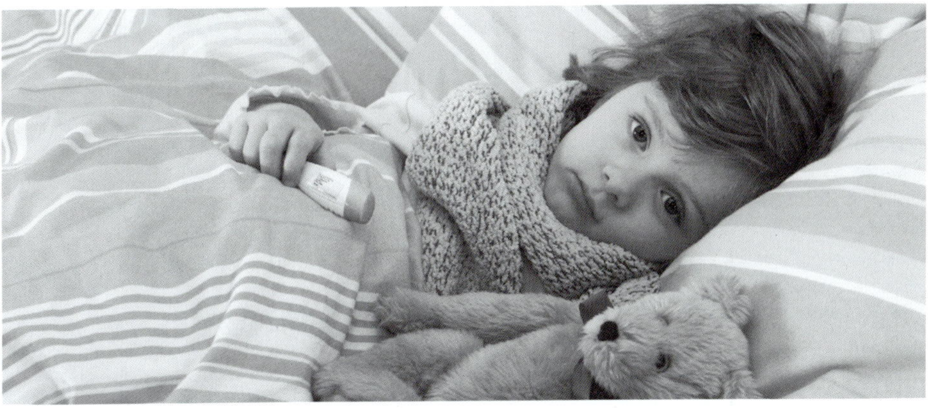

Beispiele und Wendungen

Siento que no puedas venir.
(Es ist) Schade, dass du nicht kommen kannst.

Estaba solo y de repente sentí miedo.
Ich war allein, und plötzlich habe ich Angst verspürt.

sentirse bien / mal	*sich wohl / schlecht fühlen.*
Lo siento mucho.	*Es tut mir sehr leid.*

Weitere Verben

advertir - arrepentirse - consentir - convertir - divertirse - hervir - invertir - mentir - preferir - requerir - sugerir

Te advierto de que...	*Ich warne dich davor, dass ...*
advertir un error	*einen Fehler merken*
Me arrepiento de mis palabras.	*Ich bereue meine Worte.*
¡Que te diviertas!	*Viel Spaß!*

Besonderheiten

Im Präsens dieser Verben wird das -e- in den stammbetonten Formen durch -ie- ersetzt: s**e**ntir → s**ie**nto, s**ie**nta..., aber: s**e**ntimos.

In den endungsbetonten Formen des Presente de subjuntivo, d. h. der 1. und 2. Person Plural, und in der 3. Person Singular und Plural des Indefinido wird der Stammvokal hingegen zu -i-: s**i**ntamos, s**i**ntió...

Das Gerundium dieser Verben ist unregelmäßig, da das -e- des Stamms zu -i- wird:

Me estoy div**i**rtiendo mucho hoy.
Ich habe heute viel Spaß.

soler

pflegen

-o- → -ue-

Indicativo

Presente	Pretérito perfecto
suelo	—
sueles	—
suele	—
solemos	—
soléis	—
suelen	—

Imperfecto	Pluscuamperfecto
solía	—
solías	—
solía	—
solíamos	—
solíais	—
solían	—

Indefinido	Pretérito anterior
solí	—
soliste	—
solió	—
solimos	—
solisteis	—
solieron	—

Futuro imp.	Futuro perfecto
—	—
—	—
—	—
—	—
—	—
—	—

Condicional	Condicional comp.
—	—
—	—
—	—
—	—
—	—
—	—

Subjuntivo

Presente	Imperfecto
suela	soliera / soliese
suelas	solieras / solieses
suela	soliera / soliese
solamos	soliéramos / soliésemos
soláis	solierais / solieseis
suelan	solieran / soliesen

Perfecto	Pluscuamperfecto
—	—
—	—
—	—
—	—
—	—
—	—

Imperativo

afirmativo	negativo
—	—
—	—
—	—
—	—
—	—

Infinitivo

simple	compuesto
soler	—

Gerundio

simple	compuesto
—	—

Participio

—

Beispiele und Wendungen

¿Sueles ir al cine?
Gehst du oft ins Kino?

Solía desayunar café con leche y cruasanes.
Zum Frühstück nahm er normalerweise Milchkaffee und Croissants.

En España se suele cenar tarde.
In Spanien ist es üblich, spät zu Abend zu essen.

Los domingos solían ir a la iglesia.
Sonntags pflegten sie zur Kirche zu gehen.

Suele ocurrir que... *Es kommt häufig vor, dass ...*
Suelo cocinar comida mexicana. *Ich koche normalerweise mexikanisch.*
Los ingleses suelen tomar té. *Die Engländer trinken üblicherweise Tee.*

Besonderheiten

Bei diesem Verb wird das -o- in den stammbetonten Formen durch den Diphthong -ue- ersetzt. Die Endungen sind jedoch die gleichen wie bei den regelmäßigen Verben:

Suelo escuchar música mientras trabajo.
Ich höre normalerweise Musik, während ich arbeite.

Tipp

Das Verb soler wird genauso wie mover (Nr. 40) konjugiert. Es ist allerdings ein defektives Verb, d. h. nur bestimmte Zeiten und Modi werden verwendet.

Zumeist wird soler durch Adverbien, die eine Gewohnheit ausdrücken, wie *oft, häufig* oder *normalerweise* übersetzt.

65 tener

haben, besitzen

Indicativo

Presente	Pretérito perfecto
tengo	he tenido
tienes	has tenido
tiene	ha tenido
tenemos	hemos tenido
tenéis	habéis tenido
tienen	han tenido

Imperfecto	Pluscuamperfecto
tenía	había tenido
tenías	habías tenido
tenía	había tenido
teníamos	habíamos tenido
teníais	habíais tenido
tenían	habían tenido

Indefinido	Pretérito anterior
tuve	hube tenido
tuviste	hubiste tenido
tuvo	hubo tenido
tuvimos	hubimos tenido
tuvisteis	hubisteis tenido
tuvieron	hubieron tenido

Futuro imp.	Futuro perfecto
tendré	habré tenido
tendrás	habrás tenido
tendrá	habrá tenido
tendremos	habremos tenido
tendréis	habréis tenido
tendrán	habrán tenido

Condicional	Condicional comp.
tendría	habría tenido
tendrías	habrías tenido
tendría	habría tenido
tendríamos	habríamos tenido
tendríais	habríais tenido
tendrían	habrían tenido

Subjuntivo

Presente	Imperfecto
tenga	tuviera / tuviese
tengas	tuvieras / tuvieses
tenga	tuviera / tuviese
tengamos	tuviéramos / tuviésemos
tengáis	tuvierais / tuvieseis
tengan	tuvieran / tuviesen

Perfecto	Pluscuamperfecto
haya tenido	hubiera / hubiese tenido
hayas tenido	hubieras / -ieses tenido
haya tenido	hubiera / -iese tenido
hayamos tenido	hubiéramos / -iésemos tenido
hayáis tenido	hubierais / -ieseis tenido
hayan tenido	hubieran / -iesen tenido

Imperativo

	afirmativo	negativo
(tú)	ten	no tengas
(usted)	tenga	no tenga
(nosotros)	tengamos	no tengamos
(vosotros)	tened	no tengáis
(ustedes)	tengan	no tengan

Infinitivo

simple	compuesto
tener	haber tenido

Gerundio

simple	compuesto
teniendo	habiendo tenido

Participio

tenido

Beispiele und Wendungen

Tiene dos hijos y una hija.
Sie hat zwei Söhne und eine Tochter.

No ha venido porque tenía fiebre.
Er ist nicht gekommen, weil er Fieber hatte.

tener 30 años	*30 Jahre alt sein*
Tengo frío / calor.	*Mir ist kalt / heiß.*
tener la culpa de algo	*schuld an etwas sein*
tener que hacer algo	*etwas machen müssen*

Weitere Verben

abstenerse - atenerse - contener - detener - entretener - mantener - obtener - retener - sostener

abstenerse de fumar	*auf das Rauchen verzichten*
atenerse a las consecuencias	*die Folgen tragen*
mantenerse despierto	*sich wach halten*
Sostengo que...	*Ich behaupte, dass ...*

Tipp

Zahlreiche Wendungen enthalten das Verb tener. Tragen Sie die Wendungen, die Sie schon kennen, in eine Mindmap ein, um das Gelernte besser zu „organisieren".

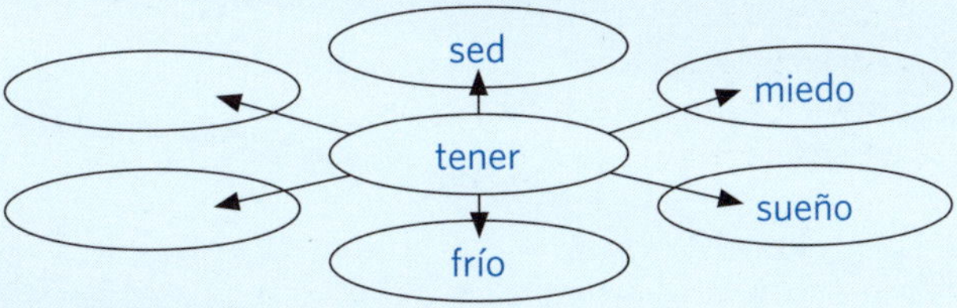

torcer

abbiegen, drehen

-o- → -ue- / -c- → -z- (vor -a und -o)

Indicativo

Presente	Pretérito perfecto
tuerzo	he torcido
tuerces	has torcido
tuerce	ha torcido
torcemos	hemos torcido
torcéis	habéis torcido
tuercen	han torcido

Imperfecto	Pluscuamperfecto
torcía	había torcido
torcías	habías torcido
torcía	había torcido
torcíamos	habíamos torcido
torcíais	habíais torcido
torcían	habían torcido

Indefinido	Pretérito anterior
torcí	hube torcido
torciste	hubiste torcido
torció	hubo torcido
torcimos	hubimos torcido
torcisteis	hubisteis torcido
torcieron	hubieron torcido

Futuro imp.	Futuro perfecto
torceré	habré torcido
torcerás	habrás torcido
torcerá	habrá torcido
torceremos	habremos torcido
torceréis	habréis torcido
torcerán	habrán torcido

Condicional	Condicional comp.
torcería	habría torcido
torcerías	habrías torcido
torcería	habría torcido
torceríamos	habríamos torcido
torceríais	habríais torcido
torcerían	habrían torcido

Subjuntivo

Presente	Imperfecto
tuerza	torciera / torciese
tuerzas	torcieras / torcieses
tuerza	torciera / torciese
torzamos	torciéramos / torciésemos
torzáis	torcierais / torcieseis
tuerzan	torcieran / torciesen

Perfecto	Pluscuamperfecto
haya torcido	hubiera / hubiese torcido
hayas torcido	hubieras / -ieses torcido
haya torcido	hubiera / -iese torcido
hayamos torcido	hubiéramos / -iésemos torcido
hayáis torcido	hubierais / -ieseis torcido
hayan torcido	hubieran / -iesen torcido

Imperativo

	afirmativo	negativo
(tú)	tuerce	no tuerzas
(usted)	tuerza	no tuerza
(nosotros)	torzamos	no torzamos
(vosotros)	torced	no torzáis
(ustedes)	tuerzan	no tuerzan

Infinitivo

simple	compuesto
torcer	haber torcido

Gerundio

simple	compuesto
torciendo	habiendo torcido

Participio

torcido

Beispiele und Wendungen

La viga se ha torcido por el peso.
Der Balken hat sich durch die Last verbogen.

Para llegar a Correos tuerza a la derecha.
Zur Post biegen Sie (nach) rechts ab.

torcer el gesto	*das Gesicht verziehen*
Los planes se han torcido.	*Die Pläne sind gescheitert.*
no dar el brazo a torcer	*nicht nachgeben*
torcerse el pie	*mit dem Fuß umknicken*

Weitere Verben

cocer - escocer - retorcer

cocer a fuego lento	*bei schwacher Hitze kochen (lassen)*
¡Me escuece!	*Das brennt / tut weh!*
retorcerse de dolor	*sich vor Schmerz winden*

Besonderheiten

Diese Verben werden wie mover (Nr. 40) konjugiert, ersetzen also in den stammbetonten Formen das -o- durch den Diphthong -ue-: t**o**rcer → t**ue**rce.

Zusätzlich kommt es zu einer orthographischen Anpassung, denn das -c- wird zu -z- vor den Vokalen -a und -o: tor**c**er → tuer**z**o, tuer**z**a...

Das Verb escocer wird nur in der 3. Person Singular und Plural konjugiert:

Le ha picado una avispa y le escuece mucho.
Er ist von einer Wespe gestochen worden und es brennt sehr.

67 traer

(her)bringen

Indicativo

Presente	Pretérito perfecto
traigo	he traído
traes	has traído
trae	ha traído
traemos	hemos traído
traéis	habéis traído
traen	han traído

Imperfecto	Pluscuamperfecto
traía	había traído
traías	habías traído
traía	había traído
traíamos	habíamos traído
traíais	habíais traído
traían	habían traído

Indefinido	Pretérito anterior
traje	hube traído
trajiste	hubiste traído
trajo	hubo traído
trajimos	hubimos traído
trajisteis	hubisteis traído
trajeron	hubieron traído

Futuro imp.	Futuro perfecto
traeré	habré traído
traerás	habrás traído
traerá	habrá traído
traeremos	habremos traído
traeréis	habréis traído
traerán	habrán traído

Condicional	Condicional comp.
traería	habría traído
traerías	habrías traído
traería	habría traído
traeríamos	habríamos traído
traeríais	habríais traído
traerían	habrían traído

Subjuntivo

Presente	Imperfecto
traiga	trajera / trajese
traigas	trajeras / trajeses
traiga	trajera / trajese
traigamos	trajéramos / trajésemos
traigáis	trajerais / trajeseis
traigan	trajeran / trajesen

Perfecto	Pluscuamperfecto
haya traído	hubiera / hubiese traído
hayas traído	hubieras / -ieses traído
haya traído	hubiera / -iese traído
hayamos traído	hubiéramos / -iésemos traído
hayáis traído	hubierais / -ieseis traído
hayan traído	hubieran / -iesen traído

Imperativo

	afirmativo	negativo
(tú)	trae	no traigas
(usted)	traiga	no traiga
(nosotros)	traigamos	no traigamos
(vosotros)	traed	no traigáis
(ustedes)	traigan	no traigan

Infinitivo

simple	compuesto
traer	haber traído

Gerundio

simple	compuesto
trayendo	habiendo traído

Participio

traído

Beispiele und Wendungen

¿Me puedes traer el diccionario?
Kannst du mir das Wörterbuch bringen?

Traía un bolso nuevo.
Sie hatte eine neue Tasche dabei.

Me trae sin cuidado.	*Es ist mir egal.*
traer a colación	*zur Sprache bringen*
traerse algo entre manos	*etwas laufen haben, etwas im Schilde führen*

Weitere Verben

atraer - contraer - distraer - retraer - retrotraer - sustraer

contraer matrimonio	*heiraten*
contraer deudas	*Schulden machen*
distraerse en clase	*im Unterricht unaufmerksam sein*

Besonderheiten

Die 1. Person Singular des Presente de indicativo heißt traigo. Das Presente de subjuntivo wird wie üblich von dieser Form abgeleitet: **traig**-a, **traig**-as...

Im Indefinido wird ein -j- zum Stamm hinzugefügt (traer → tra**j**e, tra**j**eron...), somit auch im Imperfecto de subjuntivo (tra**j**era...).

Achtung! Vergessen Sie nicht den Akzent auf dem -i- des Partizips: tra**í**do.

Tipp

Für das deutsche Verb *bringen* gibt es im Spanischen zwei unterschiedlich verwendete Verben: traer = *von einem anderen Ort her mitbringen* und llevar = *von hier aus mitnehmen.*

kosten, wert sein; taugen

Indicativo

Presente	Pretérito perfecto
valgo	he valido
vales	has valido
vale	ha valido
valemos	hemos valido
valéis	habéis valido
valen	han valido

Imperfecto	Pluscuamperfecto
valía	había valido
valías	habías valido
valía	había valido
valíamos	habíamos valido
valíais	habíais valido
valían	habían valido

Indefinido	Pretérito anterior
valí	hube valido
valiste	hubiste valido
valió	hubo valido
valimos	hubimos valido
valisteis	hubisteis valido
valieron	hubieron valido

Futuro imp.	Futuro perfecto
valdré	habré valido
valdrás	habrás valido
valdrá	habrá valido
valdremos	habremos valido
valdréis	habréis valido
valdrán	habrán valido

Condicional	Condicional comp.
valdría	habría valido
valdrías	habrías valido
valdría	habría valido
valdríamos	habríamos valido
valdríais	habríais valido
valdrían	habrían valido

Subjuntivo

Presente	Imperfecto
valga	valiera / valiese
valgas	valieras / valieses
valga	valiera / valiese
valgamos	valiéramos / valiésemos
valgáis	valierais / valieseis
valgan	valieran / valiesen

Perfecto	Pluscuamperfecto
haya valido	hubiera / hubiese valido
hayas valido	hubieras / -ieses valido
haya valido	hubiera / -iese valido
hayamos valido	hubiéramos / -iésemos valido
hayáis valido	hubierais / -ieseis valido
hayan valido	hubieran / -iesen valido

Imperativo

	afirmativo	negativo
(tú)	vale	no valgas
(usted)	valga	no valga
(nosotros)	valgamos	no valgamos
(vosotros)	valed	no valgáis
(ustedes)	valgan	no valgan

Infinitivo

simple	compuesto
valer	haber valido

Gerundio

simple	compuesto
valiendo	habiendo valido

Participio

valido

Beispiele und Wendungen

El coche vale 60.000 euros.
Das Auto kostet 60.000 Euro.

¿Para qué vale este aparato?
Wofür ist dieses Gerät gut?

No vale la pena.	*Es lohnt sich nicht.*
¡Vale!	*In Ordnung!*
Vale más que...	*Es ist besser, wenn ...*
valga lo que valga	*koste es, was es wolle; um jeden Preis*

Weitere Verben

equivaler

Eso equivaldría a la bancarrota.	*Das würde den Bankrott bedeuten.*

Besonderheiten

Diese beiden Verben weisen zwei Arten von Unregelmäßigkeiten auf:
1. Die 1. Person des Presente de indicativo bekommt ein -g- zwischen Stamm und Endung eingeschoben: val**g**o. Von dieser Form lassen sich das Presente de subjuntivo und der Imperativ ableiten: val**g**-o → val**g**-a.
2. Im Futuro imperfecto und Condicional werden unregelmäßige Endungen zum Stamm hinzugefügt, denn das -e- am Anfang der normalen regelmäßigen Endungen wird durch ein -d- ersetzt: val-**d**ré, val-**d**ría...

Tipp

Lernen Sie dieses Verb und poner (Nr. 51) gleichzeitig, da beide ähnliche Unregelmäßigkeiten aufweisen.

69 vencer

(be)siegen

-c- → -z- (vor -a und -o)

Indicativo

Presente	Pretérito perfecto
venzo	he vencido
vences	has vencido
vence	ha vencido
vencemos	hemos vencido
vencéis	habéis vencido
vencen	han vencido

Imperfecto	Pluscuamperfecto
vencía	había vencido
vencías	habías vencido
vencía	había vencido
vencíamos	habíamos vencido
vencíais	habíais vencido
vencían	habían vencido

Indefinido	Pretérito anterior
vencí	hube vencido
venciste	hubiste vencido
venció	hubo vencido
vencimos	hubimos vencido
vencisteis	hubisteis vencido
vencieron	hubieron vencido

Futuro imp.	Futuro perfecto
venceré	habré vencido
vencerás	habrás vencido
vencerá	habrá vencido
venceremos	habremos vencido
venceréis	habréis vencido
vencerán	habrán vencido

Condicional	Condicional comp.
vencería	habría vencido
vencerías	habrías vencido
vencería	habría vencido
venceríamos	habríamos vencido
venceríais	habríais vencido
vencerían	habrían vencido

Subjuntivo

Presente	Imperfecto
venza	venciera / venciese
venzas	vencieras / vencieses
venza	venciera / venciese
venzamos	venciéramos / venciésemos
venzáis	vencierais / vencieseis
venzan	vencieran / venciesen

Perfecto	Pluscuamperfecto
haya vencido	hubiera / hubiese vencido
hayas vencido	hubieras / -ieses vencido
haya vencido	hubiera / -iese vencido
hayamos vencido	hubiéramos / -iésemos vencido
hayáis vencido	hubierais / -ieseis vencido
hayan vencido	hubieran / -iesen vencido

Imperativo

	afirmativo	negativo
(tú)	vence	no venzas
(usted)	venza	no venza
(nosotros)	venzamos	no venzamos
(vosotros)	venced	no venzáis
(ustedes)	venzan	no venzan

Infinitivo

simple	compuesto
vencer	haber vencido

Gerundio

simple	compuesto
venciendo	habiendo vencido

Participio

vencido

vencer
(be)siegen

Beispiele und Wendungen

El equipo de fútbol venció ayer.
Das Fußballteam hat gestern gewonnen.

Los soldados vencieron a los rebeldes.
Die Soldaten haben die Rebellen besiegt.

vencer un obstáculo	*ein Hindernis überwinden*
Lo venció el cansancio.	*Er wurde von Müdigkeit übermannt.*
El cheque vence mañana.	*Der Scheck wird morgen fällig.*

Weitere Verben

convencer - ejercer - mecer

convencerse de algo	*sich von etwas überzeugen*
No me convence.	*Das gefällt mir nicht so recht.*
ejercer de médico	*als Arzt arbeiten, praktizieren*
ejercer influencia	*Einfluss ausüben*
mecer la cuna	*die Wiege schaukeln*

Besonderheiten

Bei diesen Verben erfolgt zur Beibehaltung der Aussprache eine orthographische Anpassung, denn vor -a und -o wird das -c- im Stamm zu -z-: ven**c**er → ven**z**o, ven**z**a...

Tipp

Achten Sie auf die Schreibweise des Lauts [θ] im Spanischen:

Laut	Schreibung entsprechend der Vokalkombination				
[θ]	**z**a	**c**e	**c**i	**z**o	**z**u

venir

(her)kommen

Indicativo

Presente	Pretérito perfecto
vengo	he venido
vienes	has venido
viene	ha venido
venimos	hemos venido
venís	habéis venido
vienen	han venido

Imperfecto	Pluscuamperfecto
venía	había venido
venías	habías venido
venía	había venido
veníamos	habíamos venido
veníais	habíais venido
venían	habían venido

Indefinido	Pretérito anterior
vine	hube venido
viniste	hubiste venido
vino	hubo venido
vinimos	hubimos venido
vinisteis	hubisteis venido
vinieron	hubieron venido

Futuro imp.	Futuro perfecto
vendré	habré venido
vendrás	habrás venido
vendrá	habrá venido
vendremos	habremos venido
vendréis	habréis venido
vendrán	habrán venido

Condicional	Condicional comp.
vendría	habría venido
vendrías	habrías venido
vendría	habría venido
vendríamos	habríamos venido
vendríais	habríais venido
vendrían	habrían venido

Subjuntivo

Presente	Imperfecto
venga	viniera / viniese
vengas	vinieras / vinieses
venga	viniera / viniese
vengamos	viniéramos / viniésemos
vengáis	vinierais / vinieseis
vengan	vinieran / viniesen

Perfecto	Pluscuamperfecto
haya venido	hubiera / hubiese venido
hayas venido	hubieras / -ieses venido
haya venido	hubiera / -iese venido
hayamos venido	hubiéramos / -iésemos venido
hayáis venido	hubierais / -ieseis venido
hayan venido	hubieran / -iesen venido

Imperativo

	afirmativo	negativo
(tú)	ven	no vengas
(usted)	venga	no venga
(nosotros)	vengamos	no vengamos
(vosotros)	venid	no vengáis
(ustedes)	vengan	no vengan

Infinitivo

simple	compuesto
venir	haber venido

Gerundio

simple	compuesto
viniendo	habiendo venido

Participio

venido

Beispiele und Wendungen

He venido de la universidad en coche.
Ich bin mit dem Auto von der Uni gekommen.

La noticia viene en el periódico.
Die Nachricht steht in der Zeitung.

El piso viene a costar unos 2 millones.
Die Wohnung kostet etwa 2 Millionen.

la semana que viene	*nächste Woche*
La falda ya no me viene.	*Der Rock passt mir nicht mehr.*
¿Te viene bien hoy?	*Passt es dir heute?*
¿A qué viene eso?	*Was soll das?*
Te lo vengo diciendo desde ayer.	*Ich sage es dir schon seit gestern.*

Weitere Verben

contravenir - convenir - intervenir - prevenir - provenir - reconvenir - sobrevenir

Ese piso no te conviene.	*Diese Wohnung ist für dich ungeeignet.*
La previno del peligro.	*Er warnte sie vor der Gefahr.*
Proviene de una familia rica.	*Er stammt aus einer reichen Familie.*
Sobrevino una tormenta.	*Es brach ein Sturm los.*

Tipp

Wenn Sie das Futuro imperfecto und das Condicional dieser Verben lernen, sehen Sie sich am besten auch die Konjugationen von poder (Nr. 50), poner (Nr. 51) und salir (Nr. 60) an. Alle diese Verben enden in diesen beiden unregelmäßigen Zeiten gleich: po-**dré**, po-**dría**; pon-**dré**, pon-**dría**; sal-**dré**, sal-**dría**; ven-**dré**, ven-**dría**...

71 ver

sehen

Indicativo

Presente	Pretérito perfecto
veo	he visto
ves	has visto
ve	ha visto
vemos	hemos visto
veis	habéis visto
ven	han visto

Imperfecto	Pluscuamperfecto
veía	había visto
veías	habías visto
veía	había visto
veíamos	habíamos visto
veíais	habíais visto
veían	habían visto

Indefinido	Pretérito anterior
vi	hube visto
viste	hubiste visto
vio	hubo visto
vimos	hubimos visto
visteis	hubisteis visto
vieron	hubieron visto

Futuro imp.	Futuro perfecto
veré	habré visto
verás	habrás visto
verá	habrá visto
veremos	habremos visto
veréis	habréis visto
verán	habrán visto

Condicional	Condicional comp.
vería	habría visto
verías	habrías visto
vería	habría visto
veríamos	habríamos visto
veríais	habríais visto
verían	habrían visto

Subjuntivo

Presente	Imperfecto
vea	viera / viese
veas	vieras / vieses
vea	viera / viese
veamos	viéramos / viésemos
veáis	vierais / vieseis
vean	vieran / viesen

Perfecto	Pluscuamperfecto
haya visto	hubiera / hubiese visto
hayas visto	hubieras / -ieses visto
haya visto	hubiera / -iese visto
hayamos visto	hubiéramos / -iésemos visto
hayáis visto	hubierais / -ieseis visto
hayan visto	hubieran / -iesen visto

Imperativo

	afirmativo	negativo
(tú)	ve	no veas
(usted)	vea	no vea
(nosotros)	veamos	no veamos
(vosotros)	ved	no veáis
(ustedes)	vean	no vean

Infinitivo

simple	compuesto
ver	haber visto

Gerundio

simple	compuesto
viendo	habiendo visto

Participio

visto

Beispiele und Wendungen

¿Has visto el regalo que me han hecho?
Hast du das Geschenk gesehen, das man mir gemacht hat?

En la clase anterior vimos los tiempos de pasado.
Im letzten Unterricht haben wir uns mit den Vergangenheitszeiten beschäftigt.

Quiero ir a verlo al hospital.
Ich möchte ihn im Krankenhaus besuchen.

¡Vamos a ver! — *Mal sehen!*
No puede ver a Juan. — *Er kann Juan nicht leiden.*
No tiene nada que ver con eso. — *Es hat damit nichts zu tun.*

Weitere Verben

entrever - prever

entrever una solución — *eine Lösung in Aussicht haben*
prever problemas — *Probleme voraussehen*

Besonderheiten

Wie auch in der 1. Person Singular des Presente de indicativo (v**e**o) und im gesamten Presente de subjuntivo (v**e**a, v**e**an...) wird im Imperfecto de indicativo vor den regelmäßigen Endungen ein -e- zum Stamm hinzugefügt:

Con esta luz no se veía nada.
Bei diesem Licht konnte man nichts sehen.

Tipp

Die 1. und 3. Person Singular des Indefinido (vi, vio) werden nicht mit Akzent geschrieben, da dies einsilbige Wörter sind. Das Gleiche gilt für einsilbige Formen anderer Verben wie beispielsweise dar (di, dio).

volcar

-o- → -ue- / -c- → -qu- (vor -e)

umwerfen, umkippen

Indicativo

Presente	Pretérito perfecto
vuelco	he volcado
vuelcas	has volcado
vuelca	ha volcado
volcamos	hemos volcado
volcáis	habéis volcado
vuelcan	han volcado

Imperfecto	Pluscuamperfecto
volcaba	había volcado
volcabas	habías volcado
volcaba	había volcado
volcábamos	habíamos volcado
volcabais	habíais volcado
volcaban	habían volcado

Indefinido	Pretérito anterior
volqué	hube volcado
volcaste	hubiste volcado
volcó	hubo volcado
volcamos	hubimos volcado
volcasteis	hubisteis volcado
volcaron	hubieron volcado

Futuro imp.	Futuro perfecto
volcaré	habré volcado
volcarás	habrás volcado
volcará	habrá volcado
volcaremos	habremos volcado
volcaréis	habréis volcado
volcarán	habrán volcado

Condicional	Condicional comp.
volcaría	habría volcado
volcarías	habrías volcado
volcaría	habría volcado
volcaríamos	habríamos volcado
volcaríais	habríais volcado
volcarían	habrían volcado

Subjuntivo

Presente	Imperfecto
vuelque	volcara / volcase
vuelques	volcaras / volcases
vuelque	volcara / volcase
volquemos	volcáramos / volcásemos
volquéis	volcarais / volcaseis
vuelquen	volcaran / volcasen

Perfecto	Pluscuamperfecto
haya volcado	hubiera / hubiese volcado
hayas volcado	hubieras / -ieses volcado
haya volcado	hubiera / -iese volcado
hayamos volcado	hubiéramos / -iésemos volcado
hayáis volcado	hubierais / -ieseis volcado
hayan volcado	hubieran / -iesen volcado

Imperativo

	afirmativo	negativo
(tú)	vuelca	no vuelques
(usted)	vuelque	no vuelque
(nosotros)	volquemos	no volquemos
(vosotros)	volcad	no volquéis
(ustedes)	vuelquen	no vuelquen

Infinitivo

simple	compuesto
volcar	haber volcado

Gerundio

simple	compuesto
volcando	habiendo volcado

Participio

volcado

volcar

umwerfen, umkippen

Beispiele und Wendungen

El coche tuvo un accidente y volcó.
Das Auto hatte einen Unfall und überschlug sich.

Ha volcado la copa de vino.
Er hat das Weinglas umgeworfen.

Desde la muerte de su madre se ha volcado en el trabajo.
Seit dem Tod seiner Mutter hat er sich in die Arbeit gestürzt.

La trona se ha volcado. — *Der Kindersitz ist umgekippt.*
volcarse con alguien en atenciones — *jdm. gegenüber extrem aufmerksam sein*

Weitere Verben

emporcar - revolcar - trocar

revolcarse por el suelo — *sich auf dem Boden (herum)wälzen*

Besonderheiten

Bei diesen Verben wird das -o- in den stammbetonten Formen durch den Diphthong -ue- ersetzt: v**o**lcar → **vue**lco, **vue**lcan..., aber: v**o**lcamos...

Außerdem kommt es zu einer orthographischen Anpassung, bei der das -c- im Stamm zu -qu- wird vor Endungen, die mit -e beginnen: vol**c**ar → vol**qu**é...

Tipp

Achten Sie auf die Schreibweise des Lauts [k] im Spanischen:

Laut	Schreibung entsprechend der Vokalkombination				
[k]	**ca**	**qu**e	**qu**i	**co**	**c**u
	café	**que**so	**qui**nce	**co**co	**Cu**ba

73 yacer

liegen

-c- → -zg- bzw. -zc- (vor -a und -o)

Indicativo

Presente	Pretérito perfecto
yazgo / yazco	he yacido
yaces	has yacido
yace	ha yacido
yacemos	hemos yacido
yacéis	habéis yacido
yacen	han yacido

Imperfecto	Pluscuamperfecto
yacía	había yacido
yacías	habías yacido
yacía	había yacido
yacíamos	habíamos yacido
yacíais	habíais yacido
yacían	habían yacido

Indefinido	Pretérito anterior
yací	hube yacido
yaciste	hubiste yacido
yació	hubo yacido
yacimos	hubimos yacido
yacisteis	hubisteis yacido
yacieron	hubieron yacido

Futuro imp.	Futuro perfecto
yaceré	habré yacido
yacerás	habrás yacido
yacerá	habrá yacido
yaceremos	habremos yacido
yaceréis	habréis yacido
yacerán	habrán yacido

Condicional	Condicional comp.
yacería	habría yacido
yacerías	habrías yacido
yacería	habría yacido
yaceríamos	habríamos yacido
yaceríais	habríais yacido
yacerían	habrían yacido

Subjuntivo

Presente	Imperfecto
yazga / yazca	yaciera / yaciese
yazgas / yazcas	yacieras / yacieseis
yazga / yazca	yaciera / yaciese
yazgamos / yazcamos	yaciéramos / yaciésemos
yazgáis / yazcáis	yacierais / yacieseis
yazgan / yazcan	yacieran / yaciesen

Perfecto	Pluscuamperfecto
haya yacido	hubiera / hubiese yacido
hayas yacido	hubieras / -ieses yacido
haya yacido	hubiera / -iese yacido
hayamos yacido	hubiéramos / -iésemos yacido
hayáis yacido	hubierais / -ieseis yacido
hayan yacido	hubieran / -iesen yacido

Imperativo

	afirmativo	negativo
(tú)	yace / yaz	no yazgas / yazcas
(usted)	yazga / yazca	no yazga / yazca
(nos.)	yazgamos / yazcamos	no yazgamos / yazcamos
(vos.)	yaced	no yazgáis / yazcáis
(ustedes)	yazgan / yazcan	no yazgan / yazcan

Infinitivo

simple	compuesto
yacer	haber yacido

Gerundio

simple	compuesto
yaciendo	habiendo yacido

Participio

yacido

Beispiele und Wendungen

Aquí yacen los restos del rey.
Hier liegen die sterblichen Überreste des Königs begraben.

El pequeño pueblo yacía en un valle rodeado de montañas.
Das kleine Dorf lag in einem von Bergen umgebenen Tal.

yacer muerto en el campo de batalla	*tot auf dem Schlachtfeld liegen*
aquí yace...	*hier ruht ...*

Weitere Verben

subyacer

Aquí subyace un problema.	*Hier gibt es ein latentes Problem.*

Besonderheiten

Bei diesen beiden Verben wird das -c- im Stamm vor den Vokalen -a und -o zu -zg- bzw. zu -zc-, und damit auch in der 1. Person des Presente de indicativo, im gesamten Presente de subjuntivo und im Imperativ:

No creo que los soldados yazgan / yazcan en ese cementerio.
Ich glaube nicht, dass die Soldaten auf diesem Friedhof liegen.

Tipp

Lernen Sie dieses Verb und nacer (Nr. 41) gemeinsam, da beide genau die gleichen Unregelmäßigkeiten aufweisen. Sie unterscheiden sich lediglich darin, dass bei yacer die Möglichkeit besteht, die unregelmäßigen Formen sowohl mit -zc- als auch mit -zg- zu schreiben. Die Aussprache beider Varianten ist aber kaum zu unterscheiden.

74 zurcir

stopfen

-c- → -z- (vor -a und -o)

Indicativo

Presente	Pretérito perfecto
zurzo	he zurcido
zurces	has zurcido
zurce	ha zurcido
zurcimos	hemos zurcido
zurcís	habéis zurcido
zurcen	han zurcido

Imperfecto	Pluscuamperfecto
zurcía	había zurcido
zurcías	habías zurcido
zurcía	había zurcido
zurcíamos	habíamos zurcido
zurcíais	habíais zurcido
zurcían	habían zurcido

Indefinido	Pretérito anterior
zurcí	hube zurcido
zurciste	hubiste zurcido
zurció	hubo zurcido
zurcimos	hubimos zurcido
zurcisteis	hubisteis zurcido
zurcieron	hubieron zurcido

Futuro imp.	Futuro perfecto
zurciré	habré zurcido
zurcirás	habrás zurcido
zurcirá	habrá zurcido
zurciremos	habremos zurcido
zurciréis	habréis zurcido
zurcirán	habrán zurcido

Condicional	Condicional comp.
zurciría	habría zurcido
zurcirías	habrías zurcido
zurciría	habría zurcido
zurciríamos	habríamos zurcido
zurciríais	habríais zurcido
zurcirían	habrían zurcido

Subjuntivo

Presente	Imperfecto
zurza	zurciera / zurciese
zurzas	zurcieras / zurcieses
zurza	zurciera / zurciese
zurzamos	zurciéramos / zurciésemos
zurzáis	zurcierais / zurcieseis
zurzan	zurcieran / zurciesen

Perfecto	Pluscuamperfecto
haya zurcido	hubiera / hubiese zurcido
hayas zurcido	hubieras / -ieses zurcido
haya zurcido	hubiera / -iese zurcido
hayamos zurcido	hubiéramos / -iésemos zurcido
hayáis zurcido	hubierais / -ieseis zurcido
hayan zurcido	hubieran / -iesen zurcido

Imperativo

	afirmativo	negativo
(tú)	zurce	no zurzas
(usted)	zurza	no zurza
(nosotros)	zurzamos	no zurzamos
(vosotros)	zurcid	no zurzáis
(ustedes)	zurzan	no zurzan

Infinitivo

simple	compuesto
zurcir	haber zurcido

Gerundio

simple	compuesto
zurciendo	habiendo zurcido

Participio

zurcido

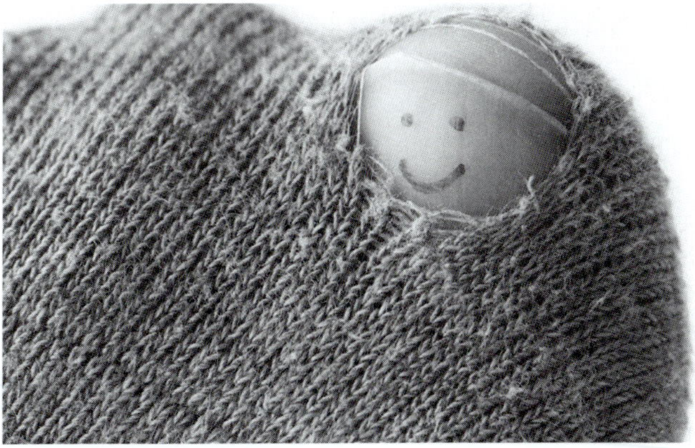

Beispiele und Wendungen

Tengo que zurcir unos calcetines.
Ich muss ein paar Socken stopfen.

Mi madre me ha zurcido el agujero del pantalón.
Meine Mutter hat mir das Loch in der Hose zugenäht.

¡Que te zurzan! *Du kannst mich mal!*

Weitere Verben

esparcir - fruncir - uncir

esparcir las cenizas de alguien	*jds. Asche verstreuen*
esparcir una noticia	*eine Nachricht verbreiten*
esparcir agua	*Wasser versprengen*
fruncir el ceño	*die Augenbrauen zusammenziehen*

Besonderheiten

Bei diesen Verben kommt es zu einer rein orthographisch begründeten Anpassung, damit die Aussprache des Verbstamms beibehalten werden kann. Daher wird das -c- im Stamm vor -a und -o zu -z-:

Quiero que la modista me zurza el vestido.
Ich möchte, dass die Schneiderin mein Kleid flickt.

Tipp

Lernen Sie zurcir und vencer (Nr. 69) zusammen, da beide Verben die gleiche orthographische Besonderheit aufweisen: zur**z**o, ven**z**o; zur**z**a, ven**z**a... Allerdings gehören diese beiden Verben zu zwei verschiedenen Konjugationstypen.

Präpositionen der häufigsten Verben

Dem Spanischlernenden kann der Gebrauch der richtigen Präposition nach einem Verb Schwierigkeiten bereiten. Die folgende Auswahl berücksichtigt daher vor allem Verben, die im Spanischen eine andere Präposition führen als im Deutschen.

abastecerse **de** algo *sich mit etw. versorgen*	Nos hemos abastecido de alimentos para el fin de semana.
abusar **de** algo / alguien *etw. / jdn. missbrauchen*	El partido ha abusado de su influencia en la televisión.
acabar **de** hacer algo *gerade etw. getan haben*	Acabo de leer un libro maravilloso.
acabar **con** algo / alguien *etw. vernichten / jdn. fertigmachen*	Si sigues así, acabarás pronto con todo el dinero.
acordarse **de** algo / alguien *sich an etw. / jdn. erinnern*	Ya no me acuerdo de lo que me dijiste ayer.
acostumbrarse **a** (hacer) algo *sich an etw. gewöhnen*	Todavía no me he acostumbrado a trabajar en este despacho.
acudir **a** algo *sich bei etw. einfinden*	¿Tú crees que acudirá mucha gente a la fiesta?
acusar **a** alguien **de** algo *jdn. einer Sache beschuldigen*	Acusan al director general de haber robado.
admirarse **de** algo / alguien *über etw. / jdn. staunen*	Ella se admira de la simpatía de sus anfitriones.
advertir **a** alguien **de** algo *jdn. vor etw. warnen*	¿Por qué no has advertido a tu madre de la llegada de tu amigo?
aficionarse **a** algo *sich etw. angewöhnen, etw. gern tun*	Desde hace algún tiempo nos hemos aficionado a la lectura.
alegrarse **de** (hacer) algo *sich über etw. freuen*	Me he alegrado mucho de tu carta.
amenazar **a** alguien **con** hacer algo *jdm. (damit) drohen, etw. zu tun*	Me amenazó con llamar a la policía.
apestar **a** algo *nach etw. stinken*	El agua está sucia, apesta a no sé qué.
apoderarse **de** algo *sich einer Sache bemächtigen*	Se apoderó de todo el dinero de sus padres.
aprovecharse **de** algo / alguien *etw. / jdn. ausnutzen*	Se han aprovechado de tu falta de experiencia.
armarse **de** algo *sich mit etw. wappnen*	O te armas de paciencia o te desesperarás.

arrepentirse **de** (hacer) algo *etw. bereuen*	No, no me arrepiento de nada.
arriesgarse **a** (hacer) algo *etw. riskieren*	No sé si debemos arriesgarnos a comprar la casa.
asistir **a** algo *an etw. teilnehmen*	¿Piensas asistir a la manifestación?
asombrarse **de** algo *sich über etw. wundern*	Es normal, no sé por qué te asombras de eso.
atreverse **a** hacer algo *(es) wagen, etw. zu tun*	No me atrevo a subir a esa montaña.
avergonzarse **de / por** algo *sich für etw. schämen*	Se avergüenza de su origen humilde.
avisar **a** alguien **de** algo *jdn. von etw. benachrichtigen*	¿Has avisado al jefe del retraso?
brindar **por** algo / alguien *auf etw. / jdn. anstoßen*	Brindo por la felicidad de la pareja.
burlarse **de** algo / alguien *sich über etw. / jdn. lustig machen*	Siempre se burla de mí porque no hablo bien español.
cambiar **de** algo *etw. ändern, etw. wechseln*	Lo siento, no voy, he cambiado de idea.
casarse **con** alguien *jdn. heiraten*	Se ha casado con un viejo amigo del colegio.
cesar **de** hacer algo *aufhören, etw. zu tun*	Si no cesa de llover, nos quedamos aquí.
comenzar **a** hacer algo *anfangen, etw. zu tun*	Aún no hemos comenzado a pintar el piso.
comprometerse **con** alguien **a / para** (hacer) algo *sich jdm. gegenüber zu etw. verpflichten*	No puedo ir, me he comprometido con Luis a / para cortar el césped.
concentrarse **en** algo / alguien *sich auf etw. / jdn. konzentrieren*	Más tarde, ahora está muy concentrado en los exámenes.
condenar **a** algo *zu etw. verurteilen*	Le han condenado a tres años de cárcel.
confiar **en** algo / alguien *auf etw. / jdn. vertrauen*	¿Tú crees que puedo confiar en él?
consistir **en** algo / alguien *in / aus etw. / jdm. bestehen*	¿En qué consiste exactamente tu trabajo?
constar **de** algo *sich aus etw. zusammensetzen*	Este libro consta de cuatro partes.

convencer **a** alguien **de** algo *jdn. von etw. überzeugen*	Será difícil que convenzas a tus padres de eso.
convertirse **en** algo / alguien *sich in etw. / jdn. verwandeln*	Se ha convertido en un personaje importante.
creer **en** algo / alguien *an etw. glauben*	Es muy escéptica, no cree en nada.
cuidar **de** alguien / algo *auf jdn. / etw. aufpassen*	Una señora cuida de sus niños mientras ella trabaja.
deberse **a** algo *auf etw. zurückzuführen sein*	Estoy seguro de que eso se debe al estrés.
decidirse **a** hacer algo *sich entschließen, etw. zu tun*	No se ha decidido a comprar la moto.
dedicarse **a** (hacer) algo *sich einer Sache widmen, als etw. tätig sein*	Desde pequeño se ha dedicado a estudiar violín. ¿A qué se dedica ahora tu novio?
defenderse **de** algo / alguien *sich gegen etw. / jdn. wehren*	El político se defendía de los ataques de la oposición.
dejar **de** hacer algo *aufhören, etw. zu tun*	Aunque no es viejo, ya ha dejado de trabajar.
desconfiar **de** algo / alguien *einer Sache / jdm. misstrauen*	Así es su carácter, desconfía de todo el mundo.
desdecirse **de** algo *etw. widerrufen*	Ahora no te desdigas de lo que prometiste ayer.
desistir **de** algo *auf etw. verzichten*	No desistiré de mis planes hasta que lo consiga.
despreocuparse **de** algo / alguien *etw. / jdn. vernachlässigen*	No sé por qué, pero se despreocupa de todo.
destituir **de** algo **a** alguien *jdm. etw. entziehen*	Han destituido de su cargo al subdirector.
desvivirse **por** algo / alguien *alles für etw. / jdm. tun*	Se desvive por sus hijos y por la familia.
disfrazarse **de** algo / alguien *sich als etw. / jd. verkleiden*	En carnaval me voy a disfrazar de marinero.
disponer **de** algo *über etw. verfügen*	No disponemos de los medios necesarios.
disuadir **a** alguien **de** algo *jdn. von etw. abbringen*	No será posible disuadir a tu padre de sus planes.
dudar **de** algo / alguien *an etw. / jdm. zweifeln*	No dudo de tu palabra, pero no lo entiendo.

ejercer **de** algo *als etw. arbeiten*	Ernesto ejerce ahora de profesor en Sevilla.
empeñarse **en** hacer algo *darauf bestehen, etw. zu tun*	Se empeñó en invitar a los vecinos a tomar una copa.
empezar **a** hacer algo *anfangen, etw. zu tun*	No he empezado todavía a preparar el examen.
empezar **por / con** algo / alguien *mit etw. / jdm. anfangen*	El profesor empezó con el primer ejercicio.
enamorarse **de** alguien / algo *sich in jdn. / etw. verlieben*	Se enamoró de un cubano y ahora vive allí.
encargarse **de** (hacer) algo *etw. übernehmen*	Yo me encargo hoy de hacer la compra.
enorgullecerse **de** algo / alguien *auf etw. / jdn. stolz sein*	Creo que puedes enorgullecerte de tu trabajo.
examinarse **de** algo *in etw. geprüft werden*	Estoy temblando, mañana me examino de matemáticas.
extrañarse **de** algo *sich über etw. wundern*	No me extraño nada de que no quiera trabajar ahí.
fiarse **de** algo / alguien *sich auf etw. / jdn. verlassen*	¿Puede uno fiarse de lo que diga Pablo?
fundarse **en** algo *sich auf etw. stützen*	¿En qué se fundan sus sospechas?
gozar **de** algo *sich einer Sache erfreuen*	Sí, es mayor, pero goza de una salud estupenda.
habituarse **a** (hacer) algo / alguien *sich an etw. / jdn. gewöhnen*	Nunca me habituaré a una bebida como ésa.
imitar **a** alguien **en** algo *jdn. in etw. nachahmen*	Imita a su madre en todos sus gestos.
influir **en / sobre** algo *etw. beeinflussen*	Sus padres influyeron en su decisión de estudiar Derecho.
informar **a** alguien **de** algo *jdn. von / über etw. unterrichten*	¿Deberíamos informar al presidente de ese cambio?
insistir **en** algo *auf etw. bestehen*	No insistas en pagar, hoy me toca a mí.
interceder **por** alguien **ante** alguien *sich bei jdm. für jdn. einsetzen*	Yo intercederé por ti ante tu padre.
interesarse **por** algo / alguien *sich für etw. / jdn. interessieren*	Desde joven se ha interesado siempre por los idiomas.

invitar **a** alguien **a / para** algo *jdn. zu etw. einladen*	¿Has invitado también a Pilar a / para la fiesta?
jactarse **de** algo *mit etw. prahlen*	Se jacta de entender mucho de ordenadores, pero no es cierto.
jugar **con** alguien **a** algo *mit jdm. etw. spielen*	Me gustaría jugar con usted al ajedrez.
limitar **con** algo *an etw. angrenzen*	Bélgica limita con Francia, Holanda, Luxemburgo y Alemania.
meditar **sobre** algo *über etw. nachdenken*	He meditado largamente sobre eso, pero aún no sé qué hacer.
mofarse **de** algo / alguien *sich über etw. / jdn. lustig machen*	No deberías mofarte de un minusválido.
morir(se) **de** algo *an etw. sterben*	Ha muerto de cáncer a los noventa años.
negarse **a** hacer algo *sich weigern, etw. zu tun*	No podré negarme a asistir a la fiesta.
obligar **a** alguien **a** (hacer) algo *jdn. zu etw. zwingen*	Nadie te puede obligar a hacer eso.
ocuparse **de** algo *sich um etw. kümmern*	Yo me ocuparé de comprar las bebidas.
oler **a** algo *nach etw. riechen*	Mira en la cocina, huele a quemado.
olvidarse **de** (hacer) algo *etw. vergessen*	No te olvides de felicitar a tu padre.
pagar **a** alguien **por** algo *jdn. für etw. bezahlen*	¿Cuánto tendré que pagar al intermediario por el piso?
participar **en** algo *an etw. teilnehmen*	Hombre, claro que participaremos en tu fiesta.
pensar **en** algo / alguien *an etw. / jdn. denken*	¿En qué estás pensando?
preguntar **a** alguien **por** algo *jdn. nach etw. fragen*	Han preguntado a tu profesora por ti.
preocuparse **por** alguien / algo *sich um jdn. / etw. Sorgen machen*	Se preocupa demasiado por sus hijos.
presumir **de** algo *mit etw. angeben*	Presume mucho de saberlo todo, pero no es para tanto.
privarse **de** algo *auf etw. verzichten*	Qué bien vives, no te privas de nada.

quejarse **de** algo / alguien *sich über etw. / jdn. beklagen*	Me voy a quejar del retraso ahora mismo.
referirse **a** algo / alguien *sich auf etw. / jdn. beziehen*	¿A qué te refieres?
reflexionar **sobre** algo *über etw. nachdenken*	No sé, no sé, tengo que reflexionar sobre eso.
reírse **de** algo / alguien *über etw. / jdn. lachen*	Nos reímos muchísimo de la noticia.
renunciar **a** (hacer) algo *auf etw. verzichten*	No renuncies a ese trabajo por nada del mundo.
reñir **a** alguien **por** algo *jdn. für / wegen etw. schimpfen*	Has reñido demasiado al niño por romper ese florero.
resignarse **a** algo *sich mit etw. abfinden*	No se resigna a vivir fuera de su ciudad.
responsabilizarse **de** algo / alguien *die Verantwortung für etw. / jdn. übernehmen*	Yo me responsabilizo de terminar ese trabajo a tiempo.
saber **a** algo *nach etw. schmecken*	La sopa sabe mucho a ajo, pero está buenísima.
servir **de** algo *als etw. dienen*	El agujero le servía de escondite.
soñar **con** algo / alguien *von etw. / jdm. träumen*	Esta noche he soñado con tu primo.
sospechar **de** alguien / algo *jdn. / etw. verdächtigen*	¿Tú crees que hay que sospechar de él?
sufrir **de** algo *an etw. leiden*	Sufre bastante de asma.
tardar **en** hacer algo *zögern / Zeit brauchen, etw. zu tun*	No sé por qué tarda tanto en vestirse.
terminar **de** hacer algo *etw. fertig machen*	¿Has terminado ya de leer el libro de Delibes?
trabajar **de** algo *als etw. arbeiten*	Eduardo trabaja de ingeniero en una fábrica de coches.
vestirse **de** algo / alguien *sich … kleiden,* *sich als etw. / jd. verkleiden*	El día de tu último examen nos vestiremos todos de gala. Para la fiesta se ha vestido de princesa.

Übungen zu den wichtigsten Verben

1 Ordnen Sie die Verben Indikativ im **Präsens** der entsprechenden Person zu.

veo hemos sueñas envía estoy tienen piensas encontramos repetís
aprende podéis duermen continúas quieren vas conozco sois
prohíben construyen prefieres dice escribimos oye viajáis reímos
vuelve entendemos consigo sentís hago

yo	tú	él/ ella/ usted	nosotros nosotras	vosotros vosotras	ellos/ellas/ ustedes

2 Aus welchen **Infinitiven** stammen die folgenden Verben?

a. oigo ______

b. tengo ______

c. pido ______

d. quepo ______

e. sé ______

f. digo ______

g. traigo ______

h. tuerzo ______

i. doy ______

j. elijo ______

3 Die immer besorgte Mutter von Carlos hat ihren Sohn angerufen. Vervollständigen Sie die Telefonate mit den Verben im **pretérito perfecto** Indikativ.

Madre: ¿Y qué (**a.** hacer, tú) ______ hoy, hijo mío?

Carlos: Lo de siempre, mamá: (**b.** levantarse, yo) ______ temprano, (**c.** ir) ______ a la universidad, (**d.** volver) ______, (**e.** comer) ______ y...

Madre: ¿(**f.** freír, tú) ______ las croquetas que te preparé?

Carlos: Sí, sí. A Leticia le (**g.** encantar) ________ tus croquetas.

Madre: ¿A Leticia? ¿Por qué no me (**h.** decir) ________ que tienes novia?

Carlos: Es una amiga, mamá. (**i.** conocerse, nosotros) ________ hoy en la universidad.

Madre: Pero... ¿(**j.** mudarse) ________?

Carlos: No, mamá. Ella sólo (**k.** venir) ________ de visita.

Madre: ¿Y no (**l.** dormir) ________ juntos?

Carlos: ¡Claro que no, mamá! Después de comer (**m.** marcharse) ________ a su casa.

Madre: Ah, bueno. Oye, Carlitos, a propósito de abrigos, ¿(**n.** ponerse, tú) ________ hoy el chaquetón de invierno? Mira que (**o.** enfriar) ________ mucho últimamente...

Carlos: ¡Pero, mamá, por favor!

4 Füllen Sie das Kreuzworträtsel mit den **indefinido**-Formen der vorgegebenen Verben aus.

a tú, aprender; **b** vosotras, hacer; **c** yo, estar; **d** vosotros, venir; **e** ella, traer; **f** ellos, traducir; **g** ustedes, tener; **h** nosotros, poder; **i** él, haber; **j** usted, escribir; **k** yo, poner; **l** tú, saber; **m** nosotras, querer; **n** yo, trabajar; **o** tú, andar

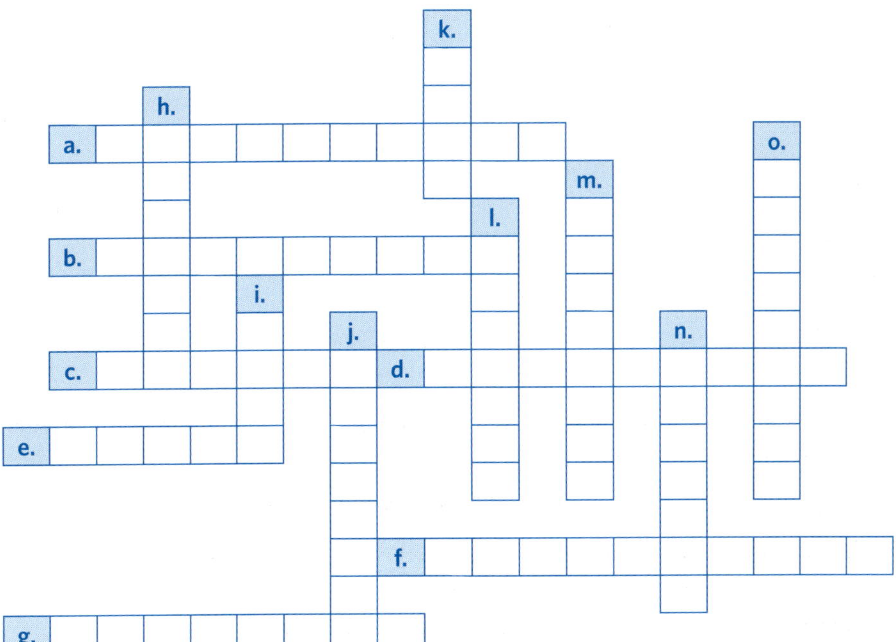

5 Wie war Albertos Leben vor zehn Jahren? Vervollständigen Sie die Sätze mit den Verben im **imperfecto** Indikativ.

AHORA...	ANTES...
a. ... **soy** director de una empresa.	... _______ estudiante.
b. ... **estoy** casado y **tengo** dos hijos.	... _______ soltero y no _______ hijos.
c. ... **vivo** en una casa propia.	... _______ con otros estudiantes.
d. ... **viajo** por motivos laborales.	... _______ por placer.
e. ... **voy** muy poco al cine.	... _______ mucho al cine.
f. ... no **veo** la televisión.	... La _______ todos los días.

6 **Indefinido**, **imperfecto** oder **pluscuamperfecto**? Unterstreichen Sie die richtige Form der Verben in diesem berühmten Märchen.

Hace mucho, **vivió/vivía** en el bosque una familia que **tuvo/tenía** dos hijos. El niño se **se llamó/ se llamaba** Hansel y la niña, Gretel. Und día el padre **mandó/mandaba** a los niños a buscar leña, pero como el bosque **fue/era** muy grande y oscuro, los pequeños **se perdieron/se perdían**. - ¡No hay problema! - **dijo/decía** Hansel, y rápidamente **se subió/se subía** a un árbol para mirar. **Descubrió/descubría** que cerca **hubo/había** una casa, y entonces los niños **caminaron/caminaban** hasta allí.

Cuando **llegaron/llegaban**, **vieron/veían** que **fue/era** la casa más maravillosa que nunca **se imaginaron/se habían imaginado**: ¡toda de chocolate! - ¡Mmh, qué rica casa! - **dijeron/decían** los niños y **empezaron/empezaban** a comérsela, porque no **comieron/habían comido** en todo el día y **estuvieron/estaban** muy hambrientos. Pero de repente alguien, a quien ellos no **vieron/habían visto** antes, **llegó/llegaba** volando en una escoba. **Se trató/se trataba** de la dueña de la casa, que lamentablemente **fue/era** una bruja mala, aunque ellos todavía no lo **supieron/sabían**.

7 Wie wird die Zukunft? Vervollständigen Sie die Prognose mit den Verben im **futuro imperfecto**.

a. La población mundial (alcanzar) _______________ los diez mil millones.

b. Los gobiernos (tener) _______________ que trabajar de forma conjunta.

c. (surgir) _______________ nuevas enfermedades hasta ahora desconocidas.

d. La gente (vivir) ______ en casa ecológicas.

e. Los automóviles (funcionar) ______ con energía solar.

f. (poder, nosotros) ______ viajar más y más rápido.

g. (haber) ______ nuevos problemas, pero también soluciones.

h. Quizás (ser, nosotros) ______ más felices.

8 Sie sind mit einem Freund verabredet, aber er ist nicht gekommen. Formulieren Sie Vermutungen im **futuro perfecto** mit Hilfe der angegebenen Wörter.

a. suceder - le - qué *¿Qué le habrá sucedido?*

b. el - perder - autobús ______

c. accidente - un - haber ______

d. cita - nuestra - olvidarse - de ______

e. fecha - de - confundirse ______

f. con - la - encontrarse - calle - alguien - en ______

g. salir - llamar - antes - por - teléfono - de - le ______

9 Vervollständigen Sie die Sätze mit den Verben im Kasten.

firmaríamos podría diría deberías harían habriáis sería mudarías

a. Si quieres, ______ pasar a recogerte a las ocho.

b. ¿ ______ usted tan amable de ayudarme con las mesas?

c. Yo en tu lugar no le ______ nada a tu novio.

d. ¿Qué ______ hecho vosotros si os hubiera sucedido algo así?

e. ______ ser más considerado con tus padres, ¿no crees?

f. Si les tocara la lotería, ¿qué ______ ustedes?

g. Si están de acuerdo, ______ el contrato este mismo miércoles.

h. De encontrar trabajo, ¿te ______ a Madrid?

10 Ergänzen Sie die Tabelle mit dem **imperativo afirmativo**.

Infinitiv	tú	usted	nosotros/as	vosotros/as	ustedes
tomar	*toma*	*tome*	*tomemos*	*tomad*	*tomen*
traer					
		salga			
			enviemos		
				tened	
venir					*vengan*

11 Drehen Sie die **Aufforderungen** um.

a. *¡No las laves!* *¡Lávalas!*

b. ¡No los toque! ¡ ______ !

c. ¡No nos quedemos! ¡ ______ !

d. ¡No os vayáis! ¡ ______ !

e. ¡No lo piensen! ¡ ______ !

f. ¡No la empieces! ¡ ______ !

g. *¡Cómetelo!* *¡No te lo comas!*

h. ¡Póngasela! ¡ ______ !

i. ¡Hagámoslos! ¡ ______ !

j. ¡Dádnoslas! ¡ ______ !

k. ¡Díganmelo! ¡ ______ !

l. ¡Síguela! ¡ ______ !

12 Was kann man tun, um eine Erkältung zu vermeiden? Vervollständigen Sie Ratschläge des Doktors in der 3. Person Singular des **Imperativs**.

a. (alimentarse. ______ adecuadamente y (beber. ______ líquidos en abundancia.

b. (evitar. ______ cambios bruscos de temperatura y los espacios cerrados con mucha gente. (abrir. ______ puertas y ventanas para que el aire circule libremente.

c. (abrigarse. ______________ bien antes de salir a la calle y (proteger. ______________, sobre todo, la cabeza y la garganta.

d. En caso de resfriado, no (automedicarse. ______________; (consultar. ______________ a un profesional.

e. (reducir. ______________ el estrés y (mantener. ______________ una actitud positiva ante la vida.

13 Ordnen Sie die Verbformen im **presente de subjuntivo** der entsprechenden Konjugation zu.

sonría publique os dediquéis vivamos discutas conozcáis destruyan responda encontréis cierre aprendas aceptes interrumpamos ofrezcas recojan

-ar: ______________

-er: ______________

-ir: ______________

14 Wie lauten die guten Wünsche zu den folgenden Gelegenheiten? Vervollständigen Sie sie mit dem **presente de subjuntivo**.

a. Vor dem Essen: ¡Que (aprovechar) ______________!

b. Vor dem Schlafengehen: ¡Que (descansar, ustedes) ______________!

c. Vor dem Urlaub: ¡Que lo (pasar, vosotros) ______________ bien!

d. Vor einem Vorstellungsgespräch: ¡Que (tener, tú) ______________ suerte!

e. Wenn jemand krank ist: ¡Que (mejorarse, usted) ______________!

15 Welcher Unterschied existiert zwischen den Sätzen? Übersetzen Sie sie ins Deutsche.

a. Cuando vivía en España, conocí a mucha gente.

____

Cuando viva en España, conoceré a mucha gente.

____

b. Soy feliz aunque no tengo mucho dinero.

____

Soy feliz aunque no tenga mucho dinero.

____

16 Vervollständigen die Reaktionen mit dem **perfecto de subjuntivo**. Achten Sie auf die Pronomen!

a. – Os hemos traído un regalo.
+ Os agradecemos mucho que nos *hayáis traído* este regalo.

b. – Antonio no ha llamado hoy.
+ ¡Qué raro que no ______________ hoy !

c. – Creo que me he dejado las llaves en casa.
+ ¡No puede ser que ______________ las llaves en casa!

d. – Ya hemos llegado.
+ Nos alegra mucho que ______________ ya.

e. – Los niños todavía no han almorzado.
+ ¡No me puedo creer que no ______________ todavía!

f. – ¿Es verdad que te has caído de la bicicleta?
+ No, no es verdad que ______________ de la bicicleta.

17 Der **imperfecto de subjuntivo** wird von der 3. Person Plural (ellos/ ellas/ ustedes) des Indefinidos abgeleitet. Schreiben Sie den Indefinido und den Subjuntiv Imperfekt in der angegebenen Person auf.

Infinitivo	Indefinido	Imperfecto de Subjuntivo	
a. amar	*ama**ron***	yo	*ama**ra***
b. preferir		tú	
c. dormir		él	
d. seguir		nosotras	
e. ser		vosotros	
f. dar		ustedes	

18 Verbinden Sie die einzelnen Satzteile zu sinnvollen Sätzen. Achtung! Es kann mehrere Möglichkeiten geben.

a. Me habría gustado…	**1.** … que pudieras hacer algo así.
b. Ojalá le hubiera hecho caso…	**2.** … si antes no lo hubiera leído.
c. Sería fantástico…	**3.** … que se marcharan tan pronto de la fiesta.
d. No os recomendaría ese libro…	**4.** … que me hubieras avisado de que venías.
e. No esperábamos…	**5.** … y no hubiera comprado esa chaqueta tan cara.
f. Le sorprendió mucho…	**6.** … que no quisieras ir a cenar con él.
g. No nos imaginábamos…	**7.** … que nos tocara la lotería, ¿verdad?
h. Fue una pena…	**8.** … que nos dieran las gracias por ello.

19 Welche dieser **Verbalkonstruktionen mit Infinitiv** passen zu den Sätzen? Vervollständigen Sie sie im Präsens Indikativ. Achtung! Es kann mehrere Möglichkeiten geben.

atreverse a   saber   estar a punto de   tratar de   dejar de   soler   ir a   acabar de

a. ¿Usted dónde ________________ pasar los veranos?

b. (yo) ________________ terminar esta lección. Solo me falta un ejercicio.

c. Fumar es perjudicial para su salud. Debería ________________ hacerlo.

d. ¿(tú) ________________ esquiar? Yo nunca lo he intentado.

e. ¿Qué (vosotros) ________________ hacer el fin de semana? ¿Tenéis algún plan?

f. ¿Por qué no (tú) ________________ hablar con ella y aclaráis el problema?

g. ________________ llamar por teléfono. Preguntaban por ti.

h. Con el carácter que tiene, yo no ________________ decirle nada.

Abschlusstest

1 Vervollständigen Sie die Sätze mit den Präsensformen der Verben.

insistir explicar girar parecerse mentir hervir

a. ¿Te (yo) ______ el tema otra vez?

b. Bueno, si (vosotros) ______, me quedaré un poco más.

c. Ella ______ mucho a su padre.

d. ¿Por qué (tú) ______? Sabes que no está bien.

e. Si (ustedes) ______ a su izquierda verán el Palacio Real.

f. El agua ______ a una temperatura de 100º C.

2 Welches Verb gehört in die Lücke? Wählen Sie die richtige Form aus.

1. ¿Dónde ______ esta tarde?

☐ **a.** has estado ☐ **b.** estabas ☐ **c.** habías estado

2. Hace dos años ______ mi hijo Alberto.

☐ **a.** ha nacido ☐ **b.** nació ☐ **c.** nacía

3. El año pasado ______ Asturias.

☐ **a.** he visitado ☐ **b.** visité ☐ **c.** visitaba

4. De pequeña ______ subirme a los árboles.

☐ **a.** me ha encantado ☐ **b.** me encantó ☐ **c.** me encantaba

5. ¿Me ______ vuestro coche? Es que el mío está en el taller.

☐ **a.** habréis prestado ☐ **b.** prestaríais ☐ **c.** habríais prestado

6. ¿Adónde ______? No los veo por ninguna parte.

☐ **a.** se irán ☐ **b.** se habrán ido ☐ **c.** se habrían ido

3 Vervollständigen Sie das Rezept der spanischen Tortilla mit den Verben.

haya   fríalas   esté   déle   saque   córtelas   añada   ponga

Pele las patatas, (**a.**) ________ en láminas y sálelas. (**b.**) ________ el aceite a calentar en una sartén. Cuando (**c.**) ________ caliente, eche las patatas y (**d.**) ________. Bata los huevos. (**e.**) ________ las patatas de la sartén con una espumadera escurriendo bien el aceite y retire el aceite sobrante de la sartén. (**f.**) ________ las patatas a los huevos y vierta la mezcla en la sartén. Cuando la mezcla (**g.**) ________ cuajada, (**h.**) ________ la vuelta con la ayuda de un plato. ¡Buen provecho!

4 Welches Verb gehört in die Lücke? Wählen Sie die richtige Form aus.

1. Es mejor que ________ las cosas de otro modo.

☐ **a.** hagas ☐ **b.** hicieras ☐ **c.** hubieras hecho

2. Yo no pensaba que el proyecto ________ tanto esfuerzo.

☐ **a.** haya supuesto ☐ **b.** supusiera ☐ **c.** habría supuesto

3. Temen que no ________ continuar con el trabajo.

☐ **a.** puedan ☐ **b.** hayan podido ☐ **c.** pudieran

4. Mientras no ________ lo que habéis prometido, nadie os creerá.

☐ **a.** cumpláis ☐ **b.** cumplierais ☐ **c.** hubierais cumplido

5 Nos han pedido que ________ al director en su despacho.

☐ **a.** esperemos ☐ **b.** hayamos esperado ☐ **c.** hubiéramos esperado

6 Si no ________ que me puedes ayudar, no te habría llamado.

☐ **a.** crea ☐ **b.** creyera ☐ **c.** haya creído

Lösungen zu den Übungen

1 **yo**: veo, estoy, conozco, consigo, hago; **tú**: sueñas, piensas, continúas, prefieres, vas; **él/ella/usted**: envía, aprende, dice, oye, vuelve; **nosotros/-as**: hemos, encontramos, escribimos, reímos, entendemos; **vosotros/-as**: repetís, podéis, sois, viajáis, sentís; **ellos/-as/ustedes**: tienen, duermen, quieren, prohíben, construyen

2 **a.** oír, **b.** tener, **c.** pedir, **d.** caber, **e.** saber, **f.** decir, **g.** traer, **h.** torcer, **i.** dar, **j.** elegir

3 **a.** has hecho, **b.** me he levantado, **c.** he ido, **d.** he vuelto, **e.** he comido, **f.** has freído/ frito, **g.** han encantado, **h.** has dicho, **i.** nos hemos conocido, **j.** se ha mudado, **k.** ha venido, **l.** habéis dormido, **m.** se ha marchado, **n.** te has puesto, **o.** ha enfriado

4 **a.** aprendiste, **b.** hicisteis, **c.** estuve, **d.** vinisteis, **e.** trajo, **f.** tradujeron, **g.** tuvieron, **h.** pudimos, **i.** hubo, **j.** escribió, **k.** puse, **l.** supiste, **m.** quisimos, **n.** trabajé, **o.** anduviste

5 **a.** era; **b.** estaba, tenía; **c.** vivía; **d.** viajaba; **e.** iba; **f.** veía

6 vivía - tenía - se llamaba - mandó - era - se perdieron - dijo - se subió - descubrió - había - caminaron - llegaron - vieron - era - se habían imaginado - dijeron - empezaron - habían comido - estaban - habían visto - llegó - se trataba era - sabían

7 **a.** alcanzará, **b.** tendrán, **c.** surgirán, **d.** vivirá, **e.** funcionarán, **f.** podremos, **g.** habrá, **h.** seremos

8 **b.** Habrá perdido el autobús. **c.** Habrá habido un accidente. **d.** Se habrá olvidado de nuestra cita. **e.** Se habrá confundido de fecha. **f.** Se habrá encontrado (en la calle) con alguien en la calle. **g.** Le habrán llamado por teléfono antes de salir.

9 **a.** podría, **b.** sería, **c.** diría, **d.** habriáis, **e.** deberías, **f.** harían, **g.** firmaríamos, **h.** mudarías

10 **traer** - trae - traiga - traigamos - traed - traigan; **salir** - sal - salga - salgamos - salid - salgan; **enviar** - envía - envíe - enviemos - enviad - envíen; **tener** - ten - tenga - tengamos - tened - tengan; **venir** - ven - venga - vengamos - venid - vengan

11 **b.** ¡Tóquelos!, **c.** ¡Quedémonos!, **d.** ¡Ios!, **e.** ¡Piénsenlo!, **f.** ¡Empiézala!, **h.** ¡No se la ponga!, **i.** ¡No los hagamos!, **j.** ¡No nos las deis!, **k.** ¡No me lo digan!, **l.** ¡No la sigas!

12 **a.** aliméntese, beba; **b.** evite, abra; **c.** abríguese, proteja; **d.** (no) se automedique, consulte; **e.** reduzca, mantenga

13 **-ar:** publicar - dedicarse - encontrar - cerrar - aceptar; **-er:** conocer - responder - aprender - ofrecer - recoger; **-ir:** sonreír - vivir - discutir - destruir - interrumpir

14 a. aproveche, **b.** descansen, **c.** paséis, **d.** tengas, **e.** se mejore

15 a. Als ich in Spanien gewohnt habe, habe ich viele Leute kennengelernt./ Wenn ich in Spanien wohne, werde ich viele Leute kennenlernen.
b. Ich bin glücklich obwohl ich nicht viel Geld habe./Ich bin glücklich auch wenn ich nicht genug Geld habe.

16 b. haya llamado, **c.** te haya(s) dejado, **d.** hayáis llegado, **e.** hayan almorzado, **f.** me haya caído

17 b. prefirieron, prefirieras; **c.** durmieron, durmiera; **d.** siguieron, siguiéramos, **e.** fueron, fuerais, **f.** dieron, dieran

18 a. 4; **b.** 5; **c.** 1, 7, 8; **d.** 2; **e.** 1, 3, 7, 8; **f.** 1, 3, 4, 6, 7, 8; **g.** 1, 6, 7, 8; **h.** 3, 6

19 a. suele, trata de, va a; **b.** estoy a punto de, voy a; **c.** dejar de; **d.** sabes, te atreves a, sueles; **e.** vais a; **f.** tratas de, vas a; **g.** acaban de; **h.** me atrevo, trato de, voy a

Lösungen zum Abschlusstest:

1 a. explico, **b.** insistís, **c.** se parece, **d.** mientes, **e.** giran, **f.** hierve

2 1. a., 2. b., 3. b., 4. c., 5. b., 6. b.

3 a. córtelas, **b.** ponga, **c.** esté, **d.** fríalas, **e.** saque, **f.** añada, **g.** haya, **h.** déle

4 1. a., 2. b., 3. a., 4. a., 5. a., 6. b.

Alphabetische Verbliste

In nachstehender Liste sind einige der wichtigsten regelmäßigen und unregelmäßigen spanischen Verben in alphabetischer Folge aufgeführt. Die Zahlen verweisen auf die Konjugationsnummern der in diesem Buch beispielhaft konjugierten Verben. Diese Musterverben sind blau hervorgehoben. Die Anmerkungen [1] bis [16] finden Sie auf Seite 208.

A

abalanzarse *(sich stürzen, werfen)* 26
abandonar *(aufgeben)* 4
abarcar *(umfassen, enthalten)* . 15
abastecer *(versorgen, beliefern)* 11
abdicar *(abdanken, abgeben, aufgeben)* 15
abogar *(vor Gericht verteidigen, sich einsetzen)* 45
abolir [1] *(abschaffen)* 6
abonar *(gutschreiben)* 4
aborrecer *(verabscheuen)* 11
abortar *(abtreiben)* 4
abrazar *(umarmen, -fassen)* ... 26
abrigar(se) *((sich) zudecken, sich warm anziehen)* 45
abrir [2] *(öffnen)* 6
abrocharse *(sich anschnallen)* .. 4
abrogar *(aufheben)* 45
absolver [3] *(freisprechen)* 40
abstenerse *(sich enthalten)* ... 65
abstraer *(abstrahieren)* 67
aburrirse *(sich langweilen)* 6
abusar *(missbrauchen)* 4
acabar(se) *(enden, zu Ende sein)* 4
acaecer [4] *(sich ereignen)* 11
acampar *(campen, zelten)* 4
acariciar *(streicheln, liebkosen)* . 4
acentuar *(betonen)* 9
aceptar *(annehmen, akzeptieren)* 4
acercar(se) *(heranbringen, sich nähern)* 15
acertar *(erraten)* 47
achicar *(verkleinern, einschüchtern)* 15
aclarar *(heller machen, aufhellen)* 4
acoger *(aufnehmen)* 20
acompañar *(begleiten)* 4
aconsejar *(beraten)* 4
acontecer [4] *(geschehen)* 11
acordarse *(sich erinnern)* 25
acortar *(kürzen)* 4
acostar(se) *(ins Bett bringen, ins Bett gehen)* 25
acostumbrarse *(sich gewöhnen)* 4
acrecentar *(vermehren, vergrößern)* 47
actualizar *(aktualisieren)* 26
actuar *(handeln)* 9
acurrucarse *(sich kauern)* 15
acusar *(beschuldigen)* 4
adecuar(se) [6] *((sich) anpassen)* 9
adelantar(se) *(vorgehen, überholen)* 4
adelgazar *(abnehmen)* 26
aderezar *(herrichten)* 26
adherirse *(haften, kleben, zustimmen)* 63
adivinar *(wahrsagen, erraten)* ... 4
adjudicar *(verleihen, zuweisen)* .15
administrar *(verwalten)* 4
admirar *(bewundern)* 4
admitir *(zulassen)* 6
adolecer *(erkranken, leiden)* 11
adorar *(anbeten, verehren)* 4
adormecer(se) *(einschläfern, einschlafen)* 11
adquirir *(erwerben)* 10
adscribir [2] *(zuschreiben)* 6
aducir *(anführen, vorbringen)* .. 21
advertir *(bemerken)* 63
afeitar(se) *((sich) rasieren)* 4
afianzar *(befestigen, bestärken)* 26
afiliar(se) *(aufnehmen, beitreten)* 4
afincarse *(sich niederlassen)* ... 15
afirmar *(bejahen, bestätigen)* ... 4
afligir(se) *(quälen, sich grämen)* 29
afluir [4] *(einmünden)* 24
agacharse *(sich bücken)* 4
agarrar *((er)greifen)* 4
agilizar *(erleichtern, beschleunigen)* 26
agitar *(schütteln)* 4
agonizar *(im Sterben liegen)* ... 26
agradar *(gefallen)* 4
agradecer *(danken)* 11
agravarse *(sich verschlimmern)* . 4
agredir [1] *(angreifen)* 6
agregar *(hinzufügen)* 45
agriar *(säuern, verbittern)* 22
aguantar(se) *(halten, ertragen, sich beherrschen)* 4
aguar *((ver)wässern, verdünnen)* 17
agudizar(se) *(schärfen, verschärfen, sich zuspitzen)* .. 26
ahogar(se) *(ersticken, ertrinken)* 45
ahorcar(se) *((sich) erhängen)* . 15
ahorrar *(sparen)* 4
ahuecar *(aushöhlen, (auf)lockern)* 15
ahumar *(räuchern, ausräuchern)* 55
aislar [6] *(isolieren, absondern)* ... 4
alabar *(loben)* 4
alargar(se) *(verlängern, (sich) verzögern)* 45
albergar(se) *(beherbergen, unterkommen)* 45
alborear [5] *(dämmern)* 4
alborozar *(sehr erfreuen, jubeln)* 26
alcanzar *(reichen, einholen)* ... 26
alcoholizar *(alkoholisieren)* 26
alegar *(vorbringen)* 45
alegrar(se) *(erfreuen, sich freuen)* 4
alentar *(ermutigen)* 47

aletargarse *(schläfrig werden)* . 45
alfabetizar *(alphabetisieren)* . 22
alimentar(se) *(nahrhaft sein, (sich) ernähren)* . 4
almacenar *(einlagern)* . 4
almorzar *(zu Mittag essen)* . 12
alocarse *(verrückt werden, überschnappen)* . 15
alojar(se) *(beherbergen, unterkommen)* . 4
alquilar *(vermieten)* . 4
alterar(se) *((sich) ändern)* . 4
alunizar *(auf dem Mond landen)* . 26
alzar *((er)heben, hochhalten)* . 26
amagar *(drohen, sich andeuten)* . 45
amanecer[5)] *(tagen)* . 11
amar *(lieben)* . 4
amargar *(verbittern, bitter schmecken)* . 45
amenazar *(drohen, bedrohen)* . 26
amenizar *(verschönern, unterhalten)* . 26
americanizar *(amerikanisieren)* 26
amerizar *(wassern)* . 26
amnistiar *(amnestieren)* . 22
amortiguar *(dämpfen, mildern)* 17
amortizar *(tilgen, abschreiben)* 26
amparar *(beschützen)* . 4
ampliar *(erweitern, vergrößern)* 22
amplificar *(ausdehnen)* . 15
amueblar *(möblieren)* . 4
analizar *(analysieren, untersuchen)* . 26
anatematizar *(verfluchen, verdammen)* . 26
andar *(gehen)* . 13
anegar *(überschwemmen, ertränken)* . 45
animar *(beleben, beseelen)* . 4
anochecer[5)] *(Nacht werden)* . 11
añorar *(sich sehnen, vermissen)* . 4
ansiar *(ersehnen)* . 22
anteponer *(vorziehen)* . 51
anular *(aufheben, außer Kraft setzen)* . 4
anunciar *(bekannt geben, verkünden)* . 4
apacentar *((Vieh) weiden, schüren)* . 47
apaciguar *(besänftigen, beruhigen)* . 17
apagar *(ausmachen, löschen)* . 45
aparcar *(parken)* . 15
aparecer *(erscheinen)* . 11
apasionar *(begeistern)* . 4
apechugar *(sich abfinden)* . 45
apegarse *(Zuneigung fassen)* . 45
apelar *(sich berufen)* . 4
apelmazar *(zusammenpressen)* 26
apestar *(stinken)* . 4
apetecer *(Lust haben (auf))* . 11
aplacar *(besänftigen, lindern)* . 15
aplaudir *(applaudieren)* . 6
aplazar *(vertagen)* . 26
aplicar(se) *(auftragen, anwenden, sich bemühen)* . 15
apologizar *(rechtfertigen)* . 26
apostar[7)] *(wetten)* . 4 + 25
apoyar *(stützen)* . 4
apreciar *(schätzen, achten)* . 4
aprender *(lernen)* . 5
apretar *(zusammendrücken, drängen)* . 47
aprobar *(billigen)* . 25
aprovechar(se) *(von Nutzen sein, nutzen, ausnutzen)* . 4
apuntar *(sich zeigen, aufschreiben)* . 4
apurarse *(sich Sorgen machen)* . 4
arder *(brennen)* . 5
argüir *(argumentieren, anführen)* . 14
armar(se) *((sich) bewaffnen, ausrüsten)* . 4
armonizar *(in Einklang bringen)* . 26
aromatizar *(würzen)* . 26
arraigar *(Wurzeln schlagen)* . 45
arrancar *((her)ausreißen, starten)* . 15
arrastrarse *(kriechen)* . 4
arreglar(se) *(in Ordnung bringen, sich zurechtmachen)* . 4
arremangarse *(aufkrempeln)* . 45
arrendar *(vermieten, -pachten)* . 47
arrepentirse *(bereuen)* . 63
arrestar *(festnehmen, verhaften)* . 4
arriar *(einholen, lockern, überschwemmen)* . 22
arriesgar(se) *(riskieren, wagen)* . 45
arrogarse *(sich anmaßen)* . 45
arrugar(se) *((zer)knittern, runzeln)* . 45
asaltar *(stürmen, überfallen)* . 4
asar *(braten)* . 4
ascender *(hinaufbefördern, -gehen)* . 48
asegurar(se) *(festmachen, versichern, sich absichern)* . 4
asentar(se) *((hin)stellen, sich niederlassen)* . 47
aserrar *((zer)sägen)* . 47
asesinar *(ermorden, umbringen)* . 4
asesorar(se) *((sich) beraten)* . 4
asestar *(richten, versetzen)* . 47
asir[8)] *(fassen, greifen)* . 6
asolar[9)] *(zerstören)* . 4 + 25
asombrar(se) *(in Erstaunen versetzen, sich wundern)* . 4
asustar(se) *((sich) erschrecken)* . 4
atacar *(angreifen)* . 15
atañer[4), 16)] *(betreffen)* . 5
atar *(anbinden)* . 4
atardecer[5)] *(dunkel / Abend werden)* . 11
atascar(se) *(verstopfen, stecken bleiben)* . 15
ataviar(se) *((sich) herausputzen)* . 22
atemorizar(se) *((sich) ängstigen)* . 26
atenazar *(quälen, peinigen)* . 26
atender *(beachten, zuhören)* . 48
atenerse *(sich halten (an))* . 65
atenuar *(abschwächen, mildern)* . 9
aterrizar *(landen)* . 26
aterrorizar *(terrorisieren)* . 26
atestiguar *(bezeugen)* . 17
atizar *(schüren)* . 26
atomizar *(zerstäuben)* . 26
atosigar *(drängen, belästigen)* . 45

cojear *(humpeln, hinken)* ... 4
colaborar *(zusammenarbeiten)* . 4
colar *(durchsieben, -sickern)* ... 25
coleccionar *(sammeln)* ... 4
colectivizar *(kollektivieren)* ... 26
colegir *(zusammenbringen, schließen (aus))* ... 33
colgar *(an-, aufhängen)* ... 58
colocar *(stellen)* ... 15
colonizar *(an-, besiedeln)* ... 26
colorear *(färben)* ... 4
combatir *(kämpfen)* ... 6
combinar *(passen (zu), zusammenstellen)* ... 4
comentar *(besprechen)* ... 4
comenzar *(anfangen)* ... 34
comer *(essen)* ... 5
comercializar *(vermarkten)* ... 26
comerciar *(handeln)* ... 4
compadecer(se) *(bemitleiden, Mitleid haben)* ... 11
comparar *(vergleichen)* ... 4
comparecer *((vor Gericht) erscheinen)* ... 11
compartir *((ver)teilen)* ... 6
compatibilizar *(vereinbaren)* ... 26
competir *(wetteifern)* ... 46
complacer *(gefallen, gefällig sein)* ... 49
completar *(vervollständigen)* ... 4
complicar *(erschweren)* ... 15
componer *(zusammensetzen, bilden, komponieren)* ... 51
comportarse *(sich verhalten)* ... 4
comprar *(kaufen)* ... 4
comprender *(beinhalten)* ... 5
comprobar *(kontrollieren, nachweisen)* ... 25
comprometer(se) *(bloßstellen, sich verpflichten)* ... 5
computa(do)rizar *(computerisieren)* ... 26
comulgar *(die heilige Kommunion / das heilige Abendmahl empfangen)* ... 45
comunicar *(mitteilen)* ... 15
concebir *(empfangen, begreifen)* ... 46
conceder *(gewähren, zugeben)* . 5
concentrar(se) *((sich) konzentrieren)* ... 4
conceptuar *(halten für)* ... 9
concernir[4)] *(betreffen)* ... 30
concertar(se) *((zusammen) passen, vereinbaren, sich einigen)* ... 47
concluir *((be)enden, folgern)* ... 24
concordar *(übereinstimmen, in Einklang bringen)* ... 25
concretizar *(konkretisieren)* ... 26
conculcar *(mit Füßen treten, verletzen)* ... 15
condescender *(nachgeben, einwilligen)* ... 48
condolerse *(Mitleid haben (mit))* ... 40
conducir *(führen, fahren)* ... 21
conectar *(verbinden)* ... 4
conferir *(verleihen, erörtern)* ... 63
confesar *(gestehen, beichten)* ... 47
confiar *(vertrauen)* ... 22
configurar *(gestalten, formen)* ... 4
confirmar *(bestätigen)* ... 4
confiscar *(beschlagnahmen)* ... 15
confluir *(zusammenfließen)* ... 24
confraternizar *(sich verbrüdern)* ... 26
confundir(se) *(verwechseln, sich täuschen)* ... 6
congregar(se) *((sich) versammeln)* ... 45
conjugar *(konjugieren, in Einklang bringen)* ... 45
conllevar *(ertragen)* ... 4
conmover *(erschüttern)* ... 40
conocer *(kennen (lernen))* ... 23
conquistar *(erobern)* ... 4
conseguir *(erreichen, erlangen)* . 62
consensuar *(beschließen)* ... 9
consentir *(gestatten)* ... 63
conservar *(erhalten)* ... 4
considerar *(überdenken, halten für)* ... 4
consistir *(bestehen)* ... 6
consolar *(trösten)* ... 25
constiparse *(sich erkälten)* ... 4
constituir *(bilden, darstellen, gründen)* ... 24
constreñir *(zwingen, nötigen)* . 57
construir *(bauen)* ... 24
consultar *(um Rat fragen, zu Rate ziehen)* ... 4
consumir *(verbrauchen)* ... 6
contabilizar *(buchen)* ... 26
contactar *(Kontakt aufnehmen)* . 4
contagiarse *(sich anstecken)* ... 4
contaminar *(verseuchen, verschmutzen)* ... 4
contar *((er)zählen)* ... 25
contemplar *(betrachten)* ... 4
contemporizar *(sich anpassen)* 26
contender *(kämpfen, streiten)* . 48
contener(se) *(enthalten, sich mäßigen)* ... 65
contestar *(antworten)* ... 4
continuar *(fortsetzen)* ... 9
contradecir *(widersprechen)* ... 28
contraer *(zusammenziehen, (Verpflichtung) eingehen)* ... 67
contraponer *(entgegen-, gegenüberstellen)* ... 51
contrariar *(widerstreben)* ... 22
contratar *(ein-, anstellen)* ... 4
contravenir *(zuwiderhandeln, verstoßen)* ... 70
contribuir *(beitragen)* ... 24
controlar *(überwachen, kontrollieren)* ... 4
convalecer *(genesen)* ... 11
convencer(se) *((sich) überzeugen)* ... 69
convenir *(vereinbaren, zusagen)* ... 70
converger *(zusammenlaufen)* . 20
conversar *(sich unterhalten)* ... 4
convertir *(umwandeln)* ... 63
convivir *(zusammenleben, -wohnen)* ... 6
convocar *(einberufen)* ... 15
cooperar *(zusammenarbeiten)* . 4
copiar *(abschreiben, kopieren)* . 4
coreografiar *(choreographieren)* ... 22
corregir *(verbessern)* ... 33
correr *(rennen, laufen)* ... 5
corresponder *(entsprechen)* ... 5
cortar *(schneiden)* ... 4
cosechar *(ernten)* ... 4
coser *(nähen)* ... 5

dializar *(dialysieren)* 26
dialogar *(miteinander sprechen)* 45
dibujar *(zeichnen)* 4
dictar *(diktieren)* 4
diferir *(abweichen, verschieben)* 63
digerir *(verdauen)* 63
digitalizar *(digitalisieren)* 26
diluir *(verdünnen, auflösen)* 24
dinamizar *(vorantreiben)* 26
diptongar *(diphthongieren)* 45
dirigir *(leiten, führen)* 29
discernir *(unterscheiden)* 30
disculpar(se) *(verzeihen, sich entschuldigen)* 4
discutir *(diskutieren)* 6
disecar *(präparieren)* 15
diseñar *(zeichnen, entwerfen)* . . . 4
disentir *(anderer Meinung sein)* . 63
disfrazar(se) *((sich) verkleiden)* 26
disfrutar *(genießen)* 4
disgregar(se) *(auflösen, sich zerstreuen, zerfallen)* 45
dislocar *(verrenken, verlagern)* . 15
disminuir *(nachlassen, verringern)* 24
disolver [3] *(auflösen)* 40
disparar *((ab)schießen)* 4
disponer *(verfügen, vorbereiten)* 51
distender *(dehnen)* 48
distinguir *(unterscheiden)* 31
distraer *(ablenken, unterhalten)* 67
distribuir *(verteilen)* 24
divagar *(abschweifen)* 45
divergir [4] *(divergieren)* 29
diversificar *(diversifizieren)* 15
divertir(se) *(unterhalten, ablenken, sich amüsieren)* 63
dividir *(teilen)* 6
divinizar *(vergöttlichen, -herrlichen)* 26
divisar *(ausmachen, erblicken)* 4
divorciarse *(sich scheiden lassen)* 4
divulgar *(verbreiten)* 45
doblar(se) *((sich) biegen, abbiegen)* 4
doblegar *(biegen, beugen)* 45
doler [4] *(schmerzen)* 40
domesticar *(domestizieren, bändigen)* 15
dominar *((be)herrschen)* 4
dormir(se) *((ein)schlafen)* 32
dosificar *(dosieren)* 15
dragar *(ausbaggern)* 45
dramatizar *(dramatisieren)* 26
drogar(se) *(Drogen verabreichen / nehmen)* 45
ducharse *(sich duschen)* 4
dudar *(zweifeln)* 4
dulcificar *(süßen, mildern)* 15
duplicar *(verdoppeln)* 15
durar *((an)dauern)* 4

E

echar(se) *(werfen, sich hinlegen)* 4
economizar *((ein)sparen)* 26
edificar *((er)bauen)* 15
educar *(ausbilden, erziehen)* . . . 15
efectuar *(aus-, durchführen)* 9
ejecutar *(ausführen, hinrichten)* 4
ejemplificar *(mit Beispielen belegen)* 15
ejercer *(ausüben, arbeiten)* 69
elaborar *(herstellen)* 4
electrificar *(elektrifizieren)* 15
elegir *((aus)wählen)* 33
embarazar *(stören, schwängern)* 26
embarcar(se) *(an Bord gehen, einschiffen)* 15
embargar *(beschlagnahmen, hindern)* 45
embarrancar *(stecken bleiben, stranden)* 15
embaucar *(betrügen)* 15
embellecer *(verschönern, idealisieren)* 11
embestir *(schlagen, angreifen)* . 46
emblanquecer *(tünchen)* 11
emborrachar(se) *(betrunken machen, sich betrinken)* 4
emboscar(se) *(in einen Hinterhalt locken, im Hinterhalt lauern)* 15
embozar(se) *((sich) vermummen)* 26
embragar *((ein)kuppeln)* 45
embravecerse *(aggressiv werden)* 11
embriagar(se) *(betrunken machen, sich betrinken)* 45
embrutecer(se) *(verrohen (lassen))* 11
emerger *(auftauchen, hervorragen)* 20
emigrar *(auswandern)* 4
emitir *(senden, ausstrahlen)* 6
emocionar(se) *(bewegen, gerührt sein)* 4
empacar *((ein)packen)* 15
empalagar *(zu süß sein, lästig sein)* 45
empalidecer *(er-, verblassen)* . . . 11
empatar *(unentschieden enden)* . . 4
empedrar *((be)pflastern, reichlich versehen)* 47
empeorar *(verschlechtern)* 4
empequeñecer *(verkleinern, schmälern)* 11
empezar *(beginnen)* 34
emplazar *(bestellen, vorladen, platzieren)* 26
emplear *(an-, einstellen, anwenden)* 4
empobrecer(se) *(arm machen, verarmen)* 11
emporcar *(versauen, beschmutzen)* 72
emprender *(in Angriff nehmen, angehen)* 5
empujar *(schieben)* 4
enaltecer *(Würde verleihen)* 11
enamorarse *(sich verlieben)* 4
enamori(s)carse *(sich ein bisschen verlieben)* 15
enardecer *(entfachen, begeistern)* 11
encabezar *(anführen, einleiten)* 26
encallecer(se) *(verhornen)* 11

encanecer *(ergrauen, alt werden)* 11
encantar *(verzaubern)* 4
encarcelar *(inhaftieren)*. 4
encarecer *(verteuern, loben, betonen)* 11
encargar *(anvertrauen, bestellen)*. 45
encarnizar(se) *(aufhetzen, sich verbeißen)* 26
encenagarse *(versumpfen, verschlammen)* 45
encender *((an)zünden)* 48
encerrar *(einschließen, umfassen)* 47
encharcar *(Pfützen hinterlassen)* 15
enchufar *(einstecken)*. 4
encolerizar(se) *(erzürnen, in Zorn geraten)* 26
encomendar *(empfehlen, anvertrauen)* 47
encontrar(se) *((sich) finden, sich befinden, (sich) fühlen)* . . 25
encubrir[2)] *(bedecken, verheimlichen)* 6
enderezar *(gerade biegen, aufrichten)*. 26
endurecer *((ver)härten, verschärfen)* 11
enfatizar *(Nachdruck legen (auf), betonen)*. 26
enfermar *(erkranken)*. 4
enfervorizar(se) *((sich) begeistern)* 26
enflaquecer(se) *(abmagern (lassen))* 11
enfocar *(fokussieren, (an)visieren)* 15
enfrascarse *(sich versenken, vertiefen)*. 15
enfrentarse *(sich gegenüberstehen)* 4
enfriar *(kühlen, abkühlen)* 22
enfurecer(se) *(wütend machen / werden)* 11
engañar *(täuschen)* 4
engordar *(zunehmen)* 4
engrandecer *(vergrößern, übertreiben)*. 11
engreírse *(angeben, eingebildet werden)* 56
engullir[12)] *(schlingen, verschlingen)*. 6
enjaezar *(anschirren)* 26
enjalbegar *(weißen, weiß anstreichen)*. 45
enjuagar *(aus-, abspülen)* 45
enjugar *(abtrocknen, -wischen)*. 45
enlazar *(Anschluss haben, verbinden)* 26
enloquecer(se) *(in den Wahnsinn treiben, verrückt werden)*. 11
enmarcar *(ein-, umrahmen)* . . . 15
enmendar *(verbessern, abändern)* 47
enmohecer *(schimmeln, modern)*. 11
enmudecer *(verstummen)* 11
ennegrecer(se) *(schwärzen, verfinstern, schwarz werden)* . .11
ennoblecer *(adeln, veredeln)* . . .11
enojarse *(sich ärgern)* 4
enorgullecer *(stolz machen)*. . . .11
enraizar[6)] *(Wurzeln schlagen)* .26
enriquecer(se) *(bereichern, reich werden)* 11
enrocar(se) *((Schach) rochieren)* 15
enrojecer *(erröten, rot färben)* . . 11
enronquecer(se) *(heiser machen / werden)* 11
enroscar *(zusammenrollen, einschrauben)* 15
ensalzar *(preisen)*. 26
ensangrentar(se) *((sich) mit Blut beflecken)* . . .47
enseñar *(lehren, unterrichten)* . . 4
ensombrecer *(verdüstern, überschatten)* 11
ensordecer *(taub werden, betäuben)* 11
ensuciar(se) *(beschmutzen, sich schmutzig machen)*. 4
entender *(begreifen, verstehen)* 48
enterarse *(erfahren)*. 4
enternecer(se) *(rühren, weich werden)*. 11
enterrar *(be-, vergraben)*. 47
entontecer *(verdummen)* 11
entorpecer *(lähmen, behindern)*. 11
entrar *(hineingehen)*. 4
entreabrir[2)] *(halb öffnen)* 6
entregar *(abgeben, -liefern)* . . .45
entrelazar(se) *((sich) verflechten)* 26
entrenar(se) *(trainieren)*. 4
entresacar *(heraussuchen, ausdünnen)* 15
entretener(se) *(unterhalten, sich die Zeit vertreiben)* 65
entrever *(undeutlich sehen, ahnen)* 71
entrevistar *(interviewen)*. 4
entristecer(se) *(betrüben, traurig werden)*. 11
entroncar *(verwandt sein, Anschluss haben)* 15
entronizar *(auf den Thron heben)* .26
entumecerse *(einschlafen, gefühllos werden)*. 11
entusiasmar(se) *((sich) begeistern)* 4
enumerar *(aufzählen, nennen)* . . 4
envanecer(se) *(stolz machen / werden)* .11
envejecer(se) *(alt machen, altern)* .11
envenenar(se) *((sich) vergiften)* 4
enviar *(schicken, versenden)* . . . 22
envidiar *(neidisch sein)* 4
envilecer(se) *(herabwürdigen, verkommen)* 11
envolver *(einpacken, ver-, aufwickeln)* 40
enzarzar(se) *(in einen Streit verwickeln, sich verstricken)* . . 26
equivaler *(gleichwertig sein, entsprechen)* 68
equivocar(se) *(verwechseln, sich irren)*. 15
erguir(se) *(aufrichten, (hoch) heben)* .35

erigir *(errichten, (be)gründen)* 29
erizar *(sträuben)* 26
errar[14] *((sich) irren, verfehlen)* 47
esbozar *(skizzieren, andeuten)* 26
escabullirse[12] *(entwischen, -gleiten)* 6
escandalizar(se) *((sich) empören)* 26
escanear *(einscannen)* 4
escapar(se) *(entkommen, entwischen)* 4
escarmentar *(dazulernen, bestrafen)* 47
escarnecer *(verspotten, -höhnen)* 11
escenificar *(inszenieren)* 15
esclarecer *(erhellen, (auf)klären)* 11
esclavizar *(versklaven)* 26
escocer[4] *(brennen, kränken)* 66
escoger *(auswählen)* 20
escolarizar *(einschulen)* 26
esconder(se) *((sich) verstecken)* 5
escribir[2] *(schreiben)* 6
escuchar *(zuhören)* 4
esforzarse *(sich anstrengen)* 12
españolizar *(hispanisieren)* 26
esparcir *(streuen, verbreiten)* 74
especializar(se) *((sich) spezialisieren)* 26
especificar *(einzeln anführen)* 15
esperar *(warten, hoffen)* 4
espiar *(spionieren)* 22
esquematizar *(schematisieren)* 26
esquiar *(Ski laufen)* 22
esquivar *(ausweichen)* 4
establecer(se) *(festlegen, gründen, sich niederlassen)* 11
estacionar *(aufstellen, parken)* 4
estallar *(explodieren)* 4
estar *(sein, sich befinden)* 3
estatuir *(verordnen, bestimmen)* 24
estenografiar *(stenografieren)* 22
esterilizar *(sterilisieren)* 26
estigmatizar *(brandmarken)* 26
estimar *(schätzen)* 4
estirar *(ziehen)* 4
estornudar *(niesen)* 4
estremecer *(erschüttern)* 11
estreñir *(zur Verstopfung führen)* 57
estropear(se) *(beschädigen, kaputtgehen)* 4
estudiar *(lernen, studieren)* 4
eternizar(se) *((sich) verewigen, (sich) endlos hinziehen)* 26
europeizar *(europäisieren)* 26
evaluar *(bewerten, schätzen)* 9
evangelizar *(evangelisieren)* 26
evitar *(vermeiden, abwenden)* 4
evocar *(anrufen, beschwören)* 15
evolucionar *(sich (weiter)entwickeln)* 4
exagerar *(übertreiben)* 4
examinar *(prüfen)* 4
exceptuar *(ausnehmen)* 9
exclamar *(ausrufen)* 4
excluir *(ausschließen, ablehnen)* 24
excomulgar *(exkommunizieren)* 45
exigir *(fordern, verlangen)* 29
exiliarse *(ins Exil gehen)* 4
existir *(existieren)* 6
expatriar *(des Landes verweisen)* 22
expedir *(erledigen, versenden)* 46
expiar *(sühnen, verbüßen)* 22
explicar *(erklären)* 15
explotar *(explodieren)* 4
exponer *(darlegen, ausstellen)* 51
exportar *(exportieren)* 4
expresar *(ausdrücken, äußern)* 4
expulsar *(vertreiben)* 4
expurgar *(reinigen, zensieren)* 45
extasiar *(verzücken)* 22
extender(se) *((sich) ausbreiten, erweitern, sich erstrecken)* 48
extenuar *(erschöpfen, schwächen)* 9
exteriorizar *(äußern)* 26
extinguir(se) *(er-, löschen)* 31
extraer *((heraus)ziehen)* 26
extrañarse *(sich wundern)* 4
extranjerizar *(fremde Sitten einführen, überfremden)* 22
extraviar *(vom Weg abbringen, verlieren)* 22

F

fabricar *(herstellen)* 15
facilitar *(erleichtern)* 4
fallecer *(sterben, verscheiden)* 11
falsificar *(fälschen)* 15
faltar *(fehlen, brauchen)* 4
familiarizar(se) *(vertraut machen, (sich) gewöhnen)* 26
fanatizar *(aufhetzen)* 26
fastidiar *(ärgern, stören)* 4
favorecer *(begünstigen)* 11
felicitar *(beglückwünschen)* 4
fenecer[4] *(umkommen, enden)* 11
festejar *(feiern)* 4
fiar(se) *(bürgen, vertrauen, sich verlassen (auf))* 22
figurar(se) *(vorkommen, darstellen, sich vorstellen)* 4
fijar(se) *(befestigen, sich niederlassen, aufpassen)* 4
finalizar *(abschließen)* 26
fingir *(vortäuschen, simulieren)* 29
firmar *(unterschreiben)* 4
fiscalizar *((steuerlich) prüfen)* 26
fisgar *((herum)schnüffeln)* 45
flexibilizar *(flexibilisieren)* 26
flipar *(ausflippen)* 4
florecer *(blühen, gedeihen)* 11
flotar *(schwimmen)* 4
fluctuar *(schwanken)* 9
fluir[4] *(fließen)* 24
formalizar *(offiziell machen)* 26
formar *(formen, bilden)* 4
formatear *(formatieren)* 4
formular *(formulieren)* 4
fortalecer *(kräftigen, ermutigen)* 11
fortificar *(stärken, befestigen)* 15
forzar *((er)zwingen)* 12
fosforescer *(phosphoreszieren)* 11
fosilizarse *(versteinern)* 26
fotografiar *(fotografieren)* 22
fracasar *(scheitern)* 4
fraguar[4] *(schmieden)* 17
franquear *(frankieren, freimachen)* 4
fregar *(reiben, spülen, wischen)* 42
freír *(braten, frittieren)* 56

J

L

M

manchar(se) *((sich) schmutzig machen)* 4
mandar *(befehlen, schicken)* 4
manejar *(handhaben, bedienen)* 4
mangar *(klauen)* 45
manifestar(se) *(zeigen, (sich) äußern)* 47
mantener(se) *((sich) halten, aufrechterhalten)* 65
manuscribir [2)] *(von Hand schreiben)* 6
maquillar(se) *((sich) schminken)* 4
marcar *(markieren, kennzeichnen)* 15
marchar(se) *((weg)gehen, laufen)* 4
marchitar *((ver)welken)* 4
marear *(schwindlig machen)* 4
mascar *(kauen)* 15
masculinizar(se) *(maskulinisieren)* 26
masticar *(kauen, nachgrübeln)* . 15
matar *(töten)* 4
materializar(se) *((sich) materialisieren, (sich) verwirklichen)* 26
matizar *(schattieren, abtönen)* . 26
maullar *(miauen)* 55
maximizar *(maximieren)* 26
mecanizar *(mechanisieren)* 26
mecanografiar *(auf der Maschine schreiben, tippen)* 22
mecer *(wiegen, schütteln)* 69
medicar *(Medikamente verabreichen)* 15
medir *(messen, abwägen)* 46
meditar *(nachdenken)* 4
mejorar *(verbessern)* 4
mencionar *(erwähnen)* 4
mendigar *(betteln)* 45
menguar *(abnehmen, reduzieren)* 17
mentalizar(se) *((sich) klar machen)* 26
mentar *(erwähnen)* 47
mentir *(lügen)* 63
mercantilizar *(kommerzialisieren)* 26
mercar *(kaufen, erwerben)* 15
merecer *(verdienen, wert sein)* . . 11
merendar *(vespern)* 47
metalizar *(metallisieren)* 26
meter *((hinein)stecken)* 5
metodizar *(methodisieren, planmäßig durchführen)* 26
mezclar *((ver)mischen)* 4
migar *(zerkrümeln, -bröseln)* . . . 45
militarizar *(militarisieren)* 26
mimar *(verwöhnen)* 4
mineralizar *(mineralisieren)* . . . 26
minimizar *(minimalisieren)* 26
mirar *((an)sehen, (an)schauen)* 4
mitificar *(in einen Mythos verwandeln)* 15
mitigar(se) *(lindern, abschwächen, nachlassen)* . . . 45
modernizar *(modernisieren)* . . . 26
modificar(se) *((sich) verändern, abwandeln)* 15
mojar(se) *(nass machen, nass werden)* 4
moler *(mahlen, pressen)* 40
molestar *(stören, belästigen)* . . . 4
momificar *(mumifizieren)* 15
monologar *(monologisieren)* . . 45
monopolizar *(monopolisieren)* 26
montar *(auf-, einsteigen, montieren)* 4
moralizar *(moralisieren)* 26
morder *(beißen)* 40
morir [3)] *(sterben)* 32
mortificar *(quälen, demütigen)* . 15
mostrar *((vor)zeigen)* 25
motorizar *(motorisieren)* 26
mover(se) *((sich) bewegen)* . . . 40
movilizar *(mobilisieren)* 26
mudar(se) *(ändern, wechseln, umziehen)* 4
mugir *(muhen, tosen)* 29
mullir [12)] *(aufschütteln, (auf)lockern)* 6
multiplicar *(multiplizieren, vermehren)* 15
municipalizar *(kommunalisieren)* 26
murmurar *(murmeln, murren)* . . 4

N

nacer *(geboren werden)* 41
nacionalizar *(verstaatlichen, einbürgern)* 26
nadar *(schwimmen)* 4
narcotizar *(narkotisieren)* 26
naturalizar(se) *(einbürgern, sich einleben)* 26
naufragar *(Schiffbruch erleiden, scheitern)* 45
navegar *((mit einem Schiff) fahren, (im Internet) surfen)* 45
necesitar *(benötigen, brauchen)* 4
negar *(verneinen)* 42
negociar *(handeln)* 4
neutralizar *(neutralisieren)* 26
nevar [5)] *(schneien)* 47
neviscar [5)] *(leicht schneien)* 15
nombrar *(nennen, angeben)* 4
normalizar *(normalisieren, normen)* 26
notificar *(bekannt geben, mitteilen)* 15
numerar *(nummerieren, zählen)* 4
nutrir *(ernähren)* 6

O

obcecar(se) *(verblenden, verblendet sein)* 15
obedecer *(gehorchen, befolgen)* 11
objetar *(einwenden)* 4
obligar *(zwingen)* 45
obrar *(handeln, wirken)* 4
observar *(beobachten, beachten)* 4
obstaculizar *(behindern)* 26
obstruir *(versperren, verstopfen)* 24
obtener *(erhalten)* 65
ocasionar *(verursachen, hervorrufen)* 4
ocupar *(einnehmen, innehaben)* 4
ocurrir *(geschehen, sich ereignen)* 6
odiar *(hassen)* 4
ofender *(beleidigen)* 5

oficializar *(offiziell bestätigen)* ... 26
ofrecer *(anbieten)* ... 11
ofuscar(se) *(blenden, beharren)* ... 15
oír *(hören)* ... 43
oler *(riechen)* ... 44
olvidar *(vergessen)* ... 4
operar *(operieren, bewirken, vorgehen)* ... 4
opinar *(meinen, denken)* ... 4
oponer *(entgegensetzen, einwenden)* ... 51
optimizar *(optimieren)* ... 26
ordenar *(aufräumen, ordnen, befehlen)* ... 4
ordeñar *(melken)* ... 4
organizar *(organisieren, veranstalten)* ... 26
orientar(se) *(ausrichten, (sich) orientieren)* ... 4
originar(se) *(verursachen, entstehen)* ... 4
oscurecer[5] *(dunkel werden, verdunkeln)* ... 11

P

pacer[4] *(grasen, weiden)* ... 41
pacificar *(befrieden, aussöhnen)* ... 15
padecer *(leiden)* ... 11
pagar *((be)zahlen)* ... 45
palidecer *(erbleichen)* ... 11
panificar *(zu Brot verarbeiten)* ... 15
paralizar(se) *(lähmen, erstarren)* ... 26
parar(se) *(anhalten)* ... 4
parecer *((er)scheinen, wirken)* ... 11
parquear *(parken)* ... 4
participar *(teilnehmen)* ... 4
particularizar *(erläutern, bevorzugen, ins Detail gehen)* ... 26
partir *(abreisen, -fahren, teilen)* ... 6
pasar *(passieren, vorbei-, vorübergehen)* ... 4
pasear *(spazieren gehen / fahren)* ... 4
pasteurizar *(pasteurisieren)* ... 26
patentizar *(offen legen, beweisen)* ... 26
patinar *(Schlittschuh / Rollschuh laufen)* ... 4
peatonalizar *(zur Fußgängerzone machen)* ... 26
pecar *(sündigen)* ... 15
pedir *(bitten, bestellen)* ... 46
pegar *(kleben, schlagen, zusammenpassen)* ... 45
peinar(se) *((sich) kämmen)* ... 4
pelar *(schälen, schneiden)* ... 4
pelear(se) *(kämpfen, (sich) streiten)* ... 4
pellizcar *(kneifen, abzwicken)* ... 15
penalizar *(bestrafen, ahnden)* ... 26
pensar *(denken)* ... 47
percibir *(wahrnehmen)* ... 6
perder *(verlieren)* ... 48
perdonar *(verzeihen, vergeben)* ... 4
perecer *(sterben)* ... 11
perfumar *(parfümieren, duften)* ... 4
perjudicar *(schaden)* ... 15
permanecer *(bleiben)* ... 11
permitir *(erlauben, gestatten)* ... 6
perpetuar *(bewahren, verewigen, aufrechterhalten)* ... 9
perseguir *(verfolgen)* ... 62
personalizar *(namentlich nennen, persönlich gestalten)* ... 26
personificar *(verkörpern)* ... 15
persuadir(se) *(überreden, sich überzeugen)* ... 6
pertenecer *(gehören)* ... 11
pervertir *(verderben, verführen)* ... 63
pesar *(wiegen, belasten)* ... 4
pescar *(angeln, fischen, zuziehen)* ... 15
petrificar(se) *(erstarren lassen, zu Stein werden)* ... 15
piar *(piepsen)* ... 22
picar *(jucken, brennen, stechen)* ... 15
pintar(se) *((be)malen, sich schminken)* ... 4
pisar *(treten, betreten)* ... 4
placer *(gefallen)* ... 49
plagar(se) *(voll stopfen, heimgesucht werden)* ... 45
planchar *(bügeln)* ... 4
planear *(planen, vorhaben, gleiten)* ... 4
planificar *(planen)* ... 15
plantar *((be)pflanzen)* ... 4
plantear *(angehen, verursachen)* ... 4
plantificar *(errichten, anlegen)* ... 15
plastificar *((in Plastik) einschweißen)* ... 15
platicar *(sich unterhalten, plaudern)* ... 15
plegar *(zusammenfalten, zusammenlegen)* ... 42
pluralizar *(verallgemeinern)* ... 26
poblar *(bewohnen, besiedeln)* ... 25
poder *(können, dürfen)* ... 50
poetizar *(poetisieren)* ... 26
polarizar *(polarisieren)* ... 26
polemizar *(polemisieren)* ... 26
politizar *(politisieren)* ... 26
poner *(legen, stellen, setzen)* ... 51
popularizar *(popularisieren)* ... 26
porfiar *(beharren, streiten)* ... 22
pormenorizar *(genau beschreiben)* ... 26
portarse *(sich benehmen)* ... 4
poseer *(besitzen)* ... 52
posponer *(zurückstellen, verschieben)* ... 51
postergar *(verschieben, übergehen)* ... 45
potabilizar *(trinkbar machen)* ... 26
practicar *(ausüben, praktizieren)* ... 15
preceder *(vorangehen)* ... 5
preconizar *(befürworten)* ... 26
predecir *(voraussagen)* ... 28
predicar *(predigen, verkünden)* ... 15
predisponer *(im Voraus festlegen, beeinflussen)* ... 51
preferir *(vorziehen)* ... 63
preguntar *(fragen)* ... 4
prejuzgar *(vorschnell beurteilen)* ... 45

Q

R

T

U

V

X

Y

Z

Anmerkungen

[1] Abolir ist ein defektives Verb: Presente de subjuntivo wird nicht gebraucht, beim Presente de indicativo gibt es nur abolimos, abolís, als Imperativform nur abolid. So auch agredir, blandir.

[2] Diese Verben, ihre Komposita und Ableitungen haben ein unregelmäßiges Partizip: abrir ↔ abierto, cubrir ↔ cubierto, escribir ↔ escrito, pudrir ↔ podrido, romper ↔ roto.

[3] Die Bildung des Partizips dieser Verben weicht von der des jeweiligen Konjugationsmusters ab: absolver ↔ absuelto, disolver ↔ disuelto, freír ↔ freído und frito, morir ↔ muerto, resolver ↔ resuelto, volver ↔ vuelto.

[4] Bei diesen Verben werden nur die 3. Person Singular und Plural konjugiert.

[5] Bei diesen Verben, von denen die meisten mit dem Wetter zu tun haben, wird nur die 3. Person Singular konjugiert.

[6] Diese Verben unterscheiden sich durch ihren Akzent von dem angegebenen Konjugationsmuster, so z. B. aísla, enraíza...

[7] Apostar hat im Spanischen zwei Bedeutungen: *aufstellen* und *wetten*. In der Bedeutung von *wetten* ist es unregelmäßig wie contar.

[8] Presente de subjuntivo dieses nicht sehr gebräuchlichen Verbs heißt asga, asgas..., die 1. Person des Presente de indicativo heißt asgo, die bejahten Formen des Imperativs asga, asgamos, asgan und die verneinten Formen des Imperativs no asga...

[9] In der Bedeutung von *ausdörren* ist asolar regelmäßig, wenn aber *verwüsten* gemeint ist, wird es wie contar konjugiert.

[10] Bei balbucir werden nur die Formen konjugiert, die ein -i- in der Endung enthalten.

[11] Bei bruñir und gruñir sind Gerundio (bruñendo), Indefinido (bruñó, bruñeron) und Imperfecto de subjuntivo (bruñera / bruñese...) unregelmäßig.

[12] Bei bullir, escabullirse usw. sind Gerundio (bullendo), Indefinido (bulló, bulleron) und Imperfecto de subjuntivo (bullera / bullese...) unregelmäßig.

[13] Bei Formen von delinquir, deren Endung mit -a oder -o beginnt, gilt: -qu- → -c-, also: delinco (Presente de indicativo), delinca (Presente de subjuntivo), no delincan (Imperativ)...

[14] Bei errar wird das i- des Diphthongs ie- durch y- ersetzt: yerro, yerras...

[15] Proveer hat zwei Partizipien: proveído und provisto.

[16] Gerundio (tañendo), Indefinido (tañó, tañeron) und Imperfecto de subjuntivo (tañera / tañese...) weisen eine kleine Unregelmäßigkeit auf.

Bildnachweis

Titelfotos: Wäscheleine mit Polaroidbildern: Thinkstock; Holzwand: Thinkstock, istockphoto; Frau im Vordergrund: Vlado Golub, Stuttgart; Mutter und Tochter beim Tennis spielen: Thinkstock, digital vision; Mann mit Ball: Shutterstock / Kzenon; Kleines Kind spielt auf dem Boden mit Spielzeug: Thinkstock, Polka Dot; S. 4: shutterstock / lenetstan; S. 6: Kugelschreiber: istock / Dio5050; Marker: istock / TommL; Glühbirne: shutterstock / Sashkin; Mund: istock / Moncherie; Kalender: shutterstock / Korn; S. 7: Bilder an Wäscheleine: shutterstock / Phase-4Photography; Mund: istock / Moncherie; Postits: shutterstock / Elnur; Würfeln: shutterstock / Skripko Ievgen; S. 25: shutterstock / James Blinn; S. 27: istockphoto / Dainis Derics; S. 29: shutterstock / Lledo; S. 31: shutterstock / Renata Osinska; S. 33: shutterstock / vitor costa; S. 35: fotolia / unpict; S. 37: fotolia / Nawez; S. 39: fotolia / Yuri Arcurs; S. 41: shutterstock: Randy Miramontez; S. 43: fotolia / Mariusz Prusaczyk; S. 45: istockphoto / webphotographeer; S. 47: shutterstock / Kzenon; S. 49: shutterstock / dwori; S. 51: fotolia / Franz Pfluegl; S. 53: istockphoto / Bill Grove; S. 55: istockphoto / Leigh Schindler; S. 57: fotolia / Alexander Raths; S. 59: istockphoto / Rich Legg; S. 61: fotolia / germanskydive110; S. 63: shutterstock / lenetstan; S. 65: fotolia / lassedesignen; S. 67: fotolia / lunamarina; S. 69: istockphoto / Ekaterina Krasnikova; S. 71: fotolia / stormpic; S. 73: shutterstock / Szasz-Fabian Ilka Erika; S. 75: shutterstock / Pan Xunbin; S. 77: istockphoto / Rosemarie Gearhart; S. 79: istockphoto / Sean Locke; S. 81: shutterstock / EDHAR; S. 83: fotolia / Kirill Zdorov; S. 85: istockphoto / Julie Fairman; S. 87: fotolia / Dalia Drulia; S. 89: fotolia / happyone; S. 91: istockphoto / ansonsaw; S. 93: fotolia / ALCE; S. 95: shutterstock / Kzenon; S. 97: istockphoto / Olga Pasławska; S. 99: shutterstock / Skripko Ievgen; S. 101: shutterstock / Anton Petrus; S. 103: istockphoto / Andresr; S. 105: shutterstock / Dubova; S. 107: shutterstock / lev dolgachov; S. 109: shutterstock / olly; S. 111: fotolia / yarruta; S. 113: istockphoto / Aleksandar Zoric; S. 115: istockphoto / Kristian Gehradte; S. 117: fotolia / Alena Yakusheva; S. 119: fotolia / Tino Neitz; S. 121: fotolia / gerald schilling; S. 123: shutterstock / Eva Vargyasi; S. 125: fotolia / styf; S. 127: istockphoto / Jasmina; S. 129: fotolia / vege; S. 131: istockphoto / abu; S. 133: fotolia / Sandra Neumann; S. 135: shutterstock / Edyta Pawlowska; S. 137: shutterstock / Gina Sanders; S. 139: istockphoto / sunil menon; S. 141: shutterstock / JSP; S. 143: istockphoto / Andrejs Pidjass; S. 145: istockphoto / Willie B. Thomas; S. 147: istockphoto / David Bukach; S. 149: shutterstock / Elena Schweitzer; S. 151: istockphoto / crolique; S. 153: istockphoto / lisegagne; S. 155: istockphoto / German; S. 157: istockphoto / PK-Photos; S. 159: shutterstock / Maksim Toome; S. 161: istockphoto / Mikael Damkier; S. 163: shutterstock / QQ7; S. 165: fotolia / BlueOrange Studio; S. 167: fotolia / Grischa Georgiew; S. 169: shutterstock / bioraven; S. 171: shutterstock / Eva Gruendemann